壁画

文化百科

壁画遗风特色

李　奎　编著　胡元斌　丛书主编

汕头大学出版社

图书在版编目（CIP）数据

壁画：壁画遗风特色 / 李奎编著. -- 汕头：汕头
大学出版社，2015.2 （2020.1重印）
（中国文化百科 / 胡元斌主编）
ISBN 978-7-5658-1564-5

Ⅰ. ①壁… Ⅱ. ①李… Ⅲ. ①壁画—介绍—中国—古
代 Ⅳ. ①K879.41

中国版本图书馆CIP数据核字(2015)第019084号

壁画：壁画遗风特色　　　　　BIHUA：BIHUA YIFENG TESE

编　　著：李　奎
丛书主编：胡元斌
责任编辑：宋倩倩
封面设计：大华文苑
责任技编：黄东生
出版发行：汕头大学出版社
　　　　　广东省汕头市大学路243号汕头大学校园内　邮政编码：515063
电　　话：0754-82904613
印　　刷：三河市燕春印务有限公司
开　　本：700mm×1000mm 1/16
印　　张：7
字　　数：50千字
版　　次：2015年2月第1版
印　　次：2020年1月第2次印刷
定　　价：29.80元
ISBN 978-7-5658-1564-5

前 言

　　中华文化也叫华夏文化、华夏文明，是中国各民族文化的总称，是中华文明在发展过程中汇集而成的一种反映民族特质和风貌的民族文化，是中华民族历史上各种物态文化、精神文化、行为文化等方面的总体表现。

　　中华文化是居住在中国地域内的中华民族及其祖先所创造的、为中华民族世世代代所继承发展的、具有鲜明民族特色而内涵博大精深的传统优良文化，历史十分悠久，流传非常广泛，在世界上拥有巨大的影响。

　　中华文化源远流长，最直接的源头是黄河文化与长江文化，这两大文化浪涛经过千百年冲刷洗礼和不断交流、融合以及沉淀，最终形成了求同存异、兼收并蓄的中华文化。千百年来，中华文化薪火相传，一脉相承，是世界上唯一五千年绵延不绝从没中断的古老文化，并始终充满了生机与活力，这充分展现了中华文化顽强的生命力。

　　中华文化的顽强生命力，已经深深熔铸到我们的创造力和凝聚力中，是我们民族的基因。中华民族的精神，也已深深植根于绵延数千年的优秀文化传统之中，是我们的精神家园。总之，中国文化博大精深，是中华各族人民五千年来创造、传承下来的物质文明和精神文明的总和，其内容包罗万象，浩若星汉，具有很强文化纵深，蕴含丰富宝藏。

　　中华文化主要包括文明悠久的历史形态、持续发展的古代经济、特色鲜明的书法绘画、美轮美奂的古典工艺、异彩纷呈的文学艺术、欢乐祥和的歌舞娱乐、独具特色的语言文字、匠心独运的国宝器物、辉煌灿烂的科技发明、得天独厚的壮丽河山，等等，充分显示了中华民族厚重的文化底蕴和强大的民族凝聚力，风华独具，自成一体，规模宏大，底蕴悠远，具有永恒的生命力和传世价值。

在新的世纪，我们要实现中华民族的复兴，首先就要继承和发展五千年来优秀的、光明的、先进的、科学的、文明的和令人自豪的文化遗产，融合古今中外一切文化精华，构建具有中国特色的现代民族文化，向世界和未来展示中华民族的文化力量、文化价值、文化形态与文化风采，实现我们伟大的"中国梦"。

习近平总书记说："中华文化源远流长，积淀着中华民族最深层的精神追求，代表着中华民族独特的精神标识，为中华民族生生不息、发展壮大提供了丰厚滋养。中华传统美德是中华文化精髓，蕴含着丰富的思想道德资源。不忘本来才能开辟未来，善于继承才能更好创新。对历史文化特别是先人传承下来的价值理念和道德规范，要坚持古为今用、推陈出新，有鉴别地加以对待，有扬弃地予以继承，努力用中华民族创造的一切精神财富来以文化人、以文育人。"

为此，在有关部门和专家指导下，我们收集整理了大量古今资料和最新研究成果，特别编撰了本套《中国文化百科》。本套书包括了中国文化的各个方面，充分显示了中华民族厚重文化底蕴和强大民族凝聚力，具有极强的系统性、广博性和规模性。

本套作品根据中华文化形态的结构模式，共分为10套，每套冠以具有丰富内涵的套书名。再以归类细分的形式或约定俗成的说法，每套分为10册，每册冠以别具深意的主标题书名和明确直观的副标题书名。每套自成体系，每册相互补充，横向开拓，纵向深入，全景式反映了整个中华文化的博大规模，凝聚性体现了整个中华文化的厚重精深，可以说是全面展现中华文化的大博览。因此，非常适合广大读者阅读和珍藏，也非常适合各级图书馆装备和陈列。

目　录

石窟壁画

寺观壁画

殿堂

　　壁画主要是指装饰建筑墙壁表面的画，就是绘制在天然或人工墙壁上制作的画，分为室内壁画和室外壁画。比如在秦咸阳城发现的比较完整的秦代壁画，是战国中期秦孝公迁都咸阳、营建咸阳宫室时制作，秦咸阳城壁画推进了对秦代历史以及当时绘画艺术成就的认识。

　　壁画被不断应用于历代的宫廷、王府建筑中，增加了这些传统遗产的艺术价值。如泰山天贶殿壁画、西藏布达拉宫的壁画和江南天国各王府壁画等。

弥足珍贵的秦咸阳宫壁画

秦始皇统一天下后，在政治、经济、文化领域进行了一系列改革，使全国发生了巨大的变化，推动了社会的进步。秦始皇还决定在宫殿、衙署、皇陵等建筑内，普遍绘制有壁画，以显示王权，宣扬功业。

考古工作者在秦咸阳城遗址中，发现了比较完整的秦代壁画。这是战国中期秦孝公迁都咸阳、营建咸阳宫室时制作，又在秦统一后维修工程中加以复制或新作的。这批壁画可谓秦代壁画的代表，内容涉及秦文化的许多方面，具有很高的艺术水平。

秦代咸阳宫廷壁画主要发现于第3号宫殿建筑遗址之中，在宫殿西侧的一条南北走向的廊道墙面上，是保存相对完好的壁画长廊。在倒塌的建筑堆积层中，有壁画碎片180余块，经细致查找拼对，制成可以作为标本的共有162块。

壁画按其画面的主题内容，大体可区分为人物车骑、车马出

行、动物、植物、台榭建筑、神灵怪异、图案装饰和其他杂画8类。有些画面内容丰富，既有人物也有车马、道路与树木，分类比较复杂。

西侧回廊的东西两壁是成组的长卷轴式壁画，相对比较完整，画廊按两壁排列对称的立柱计算，共有9间，南北全长32.4米，东西宽5米。东壁上的壁画保存比较完整，从南向北第一与第二间墙体全毁，壁画无存。第三间仅在墙底保留着少许几何图案边饰。

第四间壁画保存较好，为车马图，画面前后排列3组，各组以四马一车编制，由南向北一组高于一组。在北组与中组之间，两侧各绘有树木立于道路的两边，其中一组成双对称。路右两树为一组，树冠已无遗存，仅留树干。路左也是两树一组，共两组，尚保存完好，型似塔松，枝绿干褐，树冠蓝绿色。

第五间壁画上端与北侧已被破坏，画面存人物11人，以及左右两

根由下向上似作交叉的杆状物体。人物分上下两列，均作南北向呈"一"字形排列。前列有人物图像5人，站立于南北两侧，南4人北1人。后排为6人，分南北2组朝北呈"一"字形排列，每组3人，各组人间距相等。从人物排列队形与衣服来看，第五间壁画内容为依《周礼》所设的仪仗队的队列。

第六间与第七两间均绘有车马的图案，前者分南北两组，均向南奔驰，后者一组，四马一车，也向南奔驰。

第八间的壁画已经剥落殆尽。第九间的图案中心似"山"字形，两边均对称发展出一云纹图案，其外又各发展出一枝麦穗的图案，涂以黑色，被称为"麦穗图"。

回廊西壁也隔成对称的九间，墙上原来应该绘有图画，从遗存可知，西壁绘有车马图、台榭建筑图、人物图、麦穗图、植物及几何纹图案等。

秦咸阳宫西侧画廊出土的壁画中共有车马7套，每套四马一车。这与《诗经·小雅·车功》记载的"四马"、"四牡"、"四黄"等每辆车的驾四制度相同。7套马的颜色计3种：枣红、黄和黑，每套四匹马的颜色是一样的。

壁画中的车共五辆，基本结构相同。车均单辕，每组车马的第一辆车的辕又均较直，而每组车马的第二辆车的辕或较弯曲或斜直。车厢有大小二窗，小窗在前，大窗在后。车伞，黑褐色，顶部前平缓，后高突，上有一桥形耳。

廊东壁第四间车马图可以清楚地看到，车马、道路和树木安排在同一画面上，车马在道路上奔驰，道路两旁植以树木。历史文献中记载，秦始皇在兼并六国后修治驰道，通往天下，也就是把秦人原国道制度推广到全国。这可能就是秦国道路的真实写照。

仪仗图分布在廊第四间东壁，人的形象个体共11人。整个画面可分上下两列，每列又可分南北两组。11人均身着长袍，前裾覆足，后裾曳地。上列左边1人和右边4人，袍较窄瘦，形如汉俑的喇叭口状。下列6人，可看出袍服者显得身衣更为宽大，襟长曳地如狐尾。

在仪仗图中，从下列6人的头部可以看出它的轮廓，系禽兽之头状。这种人身兽首来充当仪仗，大概即历史文献所记之武士和虎士的形象。

仪仗图中所表现的人物形象、服饰及其颜色，都与历史文献的记载一致，充分说明了壁画的存史价值。

倡优图画像绘于白色壁面上，人物绘制于一个黑色宽带的三角形右侧。倡优头戴风帽，

身穿白色缁衣，长袍曳地，白带束腰垂地。脸向前方，跪地回身，双手平举，击打乐器说唱。

《走马骑射图》位于3号建筑遗址2号宫室门道的堆积层中，画面已残缺，但其轮廓线基本清楚。图像绘于土黄色壁面上，画像置于一个约38厘米的黑色三角宽带纹之中。画面人体的下肢和马腹色彩已脱落，武士身着戎装，头戴黑色护耳盔帽，乘骑一匹棕红色健马。同地发现的还有身躯全损的7幅马头，估计同属此类。

武士侧身，左臂前伸，手中持弓；右臂向后弯曲，做挽弓下射状。肩背带有三角形黑色佩饰，两旁饰黑色卷云纹；盔帽黑色平涂，弓箭与人体皆用褚红色线勾勒。

马做缓行状，头高昂，两耳耸立；马嘴微张，臀部有鞯，作黑色；腹下垂两条柳叶形黑带，疑为鞍鞯上的装饰物；其前端有一黑色方形物件，疑为马镫。

这是一幅反映秦人固有的射猎图画，如果将它与同地同时图中的野猪和猎犬拼凑在一起，则将是一幅完整的骑马射猎活动图像。

《车马出行图》是在3号宫殿建筑遗址西侧回廊的东西两壁的长卷

轴式壁画，长达30余米，两层分间绘图，是一幅气势磅礴、震撼人心的艺术巨制。

《车马出行图》画中7套四马一车，在宽阔的道路上奔驰，每套车上的马色完全相同，分枣红、黄与黑3种；十几名着各色长袍、戴武冠的文臣武将分列左右，很可能是一组仪仗队伍；配以宫室建筑、对称树木、麦穗图案及各种几何纹饰，表现的是高规格的秦王出行的阵式，给人以极强的感染力。

在3号遗址宫室1号门道前的倒塌堆积层中，还发现了一幅车马出行的壁画。图像基本保存完整，绘于白色壁面之上；一条黑色宽边一端有卷云纹的菱形方格，作其外框。

画廊第八间东壁和第六间西壁各有一幅"麦穗图"前者保存较好，后者剥落殆尽。由于画得逼真，从形象上就很容易判断壁画上的作物穗是麦穗。反映出小麦在当时粮食作物中的重要地位。

壁画中除了麦穗这种农作物以外，还发现了少数绘有竹、梅的壁画残块。这些图像对于研究当时咸阳的植物与气候很有帮助。

秦宫壁画是我国所见时代最早的也是唯一的秦代宫殿壁画实物，非常珍贵。它们多为宫廷画师、名家巨匠所绘，所以艺术水平很高。

从壁画制作的过程来看，当时的壁画制作已经成为一门成熟的艺术；从画法与色彩方面考察，可以看出绘画技术的多样，颜料选择的丰富，给秦宫壁画带来了较高的艺术美感；从构图和形象刻画上看，构图自由灵活，形象生动传神，每一幅都不失为绘画中的精品；秦宫壁画线描的运用特别成功，线条匀称健劲，圆润流畅，不同的形象采用不同形式与颜色的线条来勾勒；壁画用线条绘制出的装饰图案，变幻多端，富有特色。

拓展阅读

咸阳秦宫遗址的壁画总体气势颇为煊赫壮观，考古工作者在诸多发现中，还曾挖掘出个别带有宗教色彩的奇禽异兽。这是商周以来精神文化领域蒙昧的产物。

由于历史条件的限制，秦人不可能完全脱离先秦时期的那种宗教神秘感。但不可否认的是，秦宫壁画在题材上完成了一个变革，由宗教神灵走向人间生活，大多内容描绘的是现实生活，体现出写实主义创作精神。与此同时，其技法上也由呆板单调发展为复杂多变，形成了崭新的秦代壁画艺术风格。

高原风格的布达拉宫壁画

　　西藏的绘画艺术历史悠久，源远流长。到了7世纪，法王松赞干布统一西藏，西藏绘画艺术进入了繁荣时期。在布达拉宫的建筑艺术成就中，最为突出的就是它的绘画部分，主要表现在壁画、唐卡和其他装饰彩绘方面。

　　布达拉宫壁画取材多样内容丰富，技法精细，色泽明艳。就壁画题材而言，有表现历史人物和历史故事的，也有表现宗教神话和佛经故事的，还有表现建筑，民俗，体育，娱乐等富有生活气息的。

　　如大型壁画"使唐求婚"、"五难婚使"、"长安送别"、"公主进藏"4个部分，生动地记录了唐贞观年间的641年唐蕃联姻的历史。

　　又如在红宫的西大殿，还

有一组五世达赖朝见清顺治皇帝和十三世达赖进京觐见的历史画面。这些壁画的人物表情生动，栩栩如生，色泽丰富艳丽，布局疏密得当，画面繁而不乱，具有鲜明和强烈的民族特色。

据史载，参加布达拉宫内部壁画绘制的近有200人，先后用去十余年时间。从整体上说，布达拉宫的壁画既汇集了藏族绘画的精华，又汲取了汉族绘画的构图和运笔，是我国民族艺术宝库中的一颗绚丽的明珠。在漫长的岁月中，数以万计的壁画作品使布达拉宫成为一个名副其实的艺术宫殿。

几百年来，藏传佛教绘画的主体画面没有显著变化，其原因是藏传佛教的传播者按照佛教经典，规定了一整套严格的偶像绘画的度量尺度，画师们只能在这个框架之中来发挥和创作。

有鉴于此，布达拉宫的壁画严格按照《绘画度量经》的规定尺寸并灌顶，特别注意了绘画的流派风格和形式特点。

17世纪中期，在对布达拉宫进行扩建时，新修的红宫内的壁画均出自藏传佛教中门唐派和堪孜派画家之手。门唐派和堪孜派是藏传佛教绘画的两大派别，后来两派逐渐融为一体，称为"门堪派"。

门唐派是多扎杰巴的弟子、西藏山南门唐地区著名的艺人门拉·顿珠嘉措创立。门拉·顿珠嘉措撰有专著《造像量度如意珠》。

他所创立的门唐画派具有色彩艳丽、对比强烈、刻画细致和富丽堂皇的风格，被誉为西藏的正统画派。

堪孜派由西藏公嘎岗堆巴地区的堪孜钦姆创立。堪孜派受天竺和泥婆罗的影响较大，具有色彩灰暗、构图饱满、人物造型丰满、装饰性强的艺术风格。

随着时间的推移，在门堪派的庞大系统之中，又出现了各种不同的绘画风格，不仅保持和继承了藏族的传统技艺，而且吸收了印度、尼泊尔和我国汉族的艺术风格，具有独特的艺术韵味。

布达拉宫壁画堪称藏传佛教绘画中经典之作，表现手法极为丰富。如白宫西日光殿喜足绝顶宫内的屏式人物画像，笔精而有神韵，常与真人等身。在红宫西有寂圆满大殿的壁画中，有采用俯视构图的大幅画面，场面宏大，人物众多，构图饱满，颇为壮观。

在白宫西日光殿福足欲聚宫所绘的五世达赖业迹图内采用了散点透视，整个画面用"之"字形布局，以山石、树木、行云、流水相间，使全图既独立成章又整体连贯。在西日光殿的福地妙旋宫的宝座后壁绘有

苏坚尼布国王的故事图，其中就有采用平远透视构图绘成的小幅人物图。

在红宫上师殿和七世达赖灵塔殿内，还有采用正视排列而绘成的千尊佛像，庄严肃穆，富有神秘变幻之感。布达拉宫的壁画由于主要采用了当地的矿物质颜料，加之拉萨的充足阳光和干湿适中的环境，保存状况良好，可以在上百年的时间内色泽如新。

布达拉宫壁画不仅题材丰富，而且画面生动，色彩艳丽。其内容除反映了藏传佛教中的各位上师、各种教派的本尊、不同变相的佛和千姿百态的菩萨，同时还反映了藏族社会的历史和生活习俗等。《游牧图》就是当时生活的体现。

自古以来，牧业是藏族的主要生产门类，而牦牛则是牧放的主要牲畜。《游牧图》壁画真实地描绘了牧民的生产生活状况：翠绿的山坡草场、欢跃的牦牛、激流而下的溪水、一顶顶黑色牦牛绒帐篷，以及挤奶牧女、牧羊犬等等，无一不是牧区的真实景象。

再如《跳神图》。跳神是寺院在重大宗教仪式时所表演的一种宗教神舞。表演者均为僧人，装扮多种角色，头戴面具，身穿法衣。表演时用鼓、钹、号伴奏。

《修砌图》是一幅绘制在布达拉宫西大殿二层上的壁画，描绘了修建布达拉宫红宫的情景。图中的藏式建筑大多系土石木建筑，为一柱顶两梁、四壁托椽子式的纵向受力结构。因此藏式建筑计算房屋大小时，以柱子的多少作为计算单位。一般民居为一柱两梁式或二柱三梁式。大的客厅为四柱六梁式，最小的房屋为一椽跨度，无柱。

从壁画中可见，藏式寺院高层建筑经幢上插有三叉式饰物，起避雷针作用。藏式建筑中除大屋顶外，大多为平顶，四周设有女儿墙。房屋的窗户和房门的两侧都砌成黑框，以增加装饰效果，使其富有轮廓感。此外，黑框还可吸热，提高屋内温度。每年入冬前，屋外墙面都进行一次粉刷，给人一种亮丽而新鲜的感觉。

西藏特有土石木结构建筑形式早在吐蕃时就普遍采用。壁画《伐木图》描写了1645年至1648年间修建布达拉宫白宫时木料加工的情景。反映了当时西藏的木工工具主要有锯、刨、锛、凿、钻、墨线和角尺等。

再如《河运图》，表现牛皮船这种吐蕃时期来西藏地区主要水上交通工具。这种船用坚韧木料做支骨，外蒙由数张牛皮缝合的"船壳"，小可以乘三五人，大能乘十多人并可载货，由一个船夫划船兼掌舵。牛皮船下水浸泡后比较湿软，不怕河中礁石撞击，不管河道深浅，都可以划行。

壁画《较力》描绘进行举石较力场面。这项竞技起源于藏族先民生产劳动，举抱重物、搬运物件是日常生活基本活动之一，气力大的人受到人们的赞扬。因而，通过举抱重物来显示气力，自然成为一种娱乐性竞技活动。早在吐蕃时期，举石较力就已盛行。在清代，每年藏历正月，在大昭寺法会场上都要举行规模最大的较力竞技比赛。

还有妙趣横生的《博戏图》，描绘人们在树荫草地上打牌、掷骰子，并有乐队伴奏供应茶水的情景。掷骰子是藏族竞技性娱乐活动之一，与苯教骰子占卜术有渊源关系，至少有2000多年历史。掷骰子起源于吐蕃时期。道具由1对骰子、3副筹码、60枚小贝壳、1个骰子碗和1块掷垫等组成。2至4人以骰子点数多少和归并筹码快慢来决定胜负。

还有反映藏族民俗的《骑射图》，早在吐蕃时期，射箭已成为民间和官方的竞技比赛项目，它是男子应具备的9项技能之一。这9项技能是指文才、口才、算数、射箭、抛石、跳跃、跑步、游泳和摔跤。前3项为文类技能，后6项为武类技能。骑射比赛是要求骑手在规定的奔跑距离内，对箭靶任发数箭，以中环数的多少决定胜负和名次。

拓展阅读

布达拉宫的建筑恢宏博大，气度非凡，布达拉宫的壁画、彩画、雕塑独树一帜，显示了古代藏族人民建筑艺术的优秀传统和高度的艺术成就。

布达拉宫的主要殿堂都是雕梁画栋，金碧辉煌。图案内容有云纹、卷草、缠枝卷叶、宝相花、西番莲、石榴花、法轮宝珠、梵文六字真言，八宝图及佛像、狮、象等各种植物花纹。彩画的颜色以朱红、深红、金黄、橘黄等暖色为底色，衬以青、绿为主的冷色。色彩艳丽，对比强烈。

石窟壁画

　　石窟原是一种佛教建筑形式，佛教提倡遁世隐修，因此僧侣们选择幽僻之地开凿石窟，以便修行之用。

　　我国石窟从汉代佛教传入时开凿，而北魏至隋唐，是凿窟的鼎盛时期，这个时期，黄河流域是政治、文化、经济的中心，敦煌莫高窟、麦积山石窟、云冈石窟等都在这一时期出现。

　　石窟壁画艺术取材于佛教故事，融汇了我国绘画的传统技法和审美情趣，反映了佛教的思想及其汉化过程。是研究我国社会史、佛教史、艺术史及中外文化交流史的珍贵资料。

文化内涵丰富的敦煌壁画

　　盛大辉煌的敦煌莫高窟，有着悠久的历史和灿烂的文化，它始建于十六国的前秦时期，至隋唐达到极盛。敦煌艺术在不同的历史时期也展现出不同的艺术风格，不仅石窟雕塑为我国佛教瑰宝，更以其壁

画栩栩如生而引人入胜。

　　敦煌莫高窟的四壁，都是与佛教有关的壁画和彩塑，肃穆的佛像、飘舞的飞天，神秘庄严的气氛，令人屏声敛息。最引人注目的，要数其中数量庞大、技艺精湛的壁画艺术。

　　敦煌壁画中的供养菩萨与敦煌壁画同始同终，在北凉的洞窟内这一形象随处可见。其静时的姿态主要有坐、跪、胡跪3种。

　　北凉壁画手中经常持有花或供器，也有双手合十的。还有的供养菩萨画成舞蹈或奏乐的状态，总之造型各异，姿态万千。

　　第272窟供养菩萨的姿态有持花、徒手或坐或跪于莲台之上，并都做舞蹈状，以表示听佛说法时产生的欢欣鼓舞的热烈场面。40个小菩萨的舞姿竟无一雷同，从而保留下来了古代的40个舞蹈动作。

　　由于日久年深，人物身上的晕染、线条都发生了变色反应，使其

更显得粗犷豪放。这些婀娜多姿的供养菩萨引起了普遍的猜测。

第275窟南壁中部的佛传故事，主要表现的是释迦牟尼成佛的因缘。整个画面采用汉晋传统形式的横卷连环画形式，人物和景物不分远近，平列构图。人物形象服饰则明显受西域画风的影响，显得较为古朴粗犷。

壁画中太子遇老人与出家人两情节保存较好，均是太子骑马从城门中出，前有伎乐弹箜篌、琵琶引导，下有侍从百姓礼拜，上有飞天散花相迎。

图中右侧情节为遇老人，老人发、眉、须皆白，面容憔悴，弯腰弓背，老态龙钟，仅着短裤，似正在向太子行礼。

左侧为遇僧人之情节，僧人着右袒袈裟，面容饱满，姿态自然潇洒，左手握袈裟，其健康超脱与老人形成鲜明对比。

北壁绘佛本生故事，是释迦牟尼成佛前，前生累世行善的故事。此窟的这类故事很有代表性，主人公都是佛祖释迦牟尼的前世，体现了他过去为求法而不惜施舍眼睛、头颅、身体甚至生命的自我牺牲精神。此图仍采用横卷式连环画形式，自西向东排列。

《毗楞竭梨王身钉千钉》，故事讲的是毗楞竭梨王喜好妙法。图中劳度差一手执钉、一手挥锤，正向毗楞竭梨王身上钉钉。国王神态安详，似乎正沉浸在听闻法语的喜悦当中，完全忘记身钉千钉的痛苦。

　　《月光王施头》讲的是月光王仁明慈悲，救济贫困，爱民如子的故事。此图也是由两个画面组成，左侧月光王端坐于束帛座上，用左手指自己的头，面前有一侍者跪捧托盘，盘上有3个人头，表示月光王在前世已经布施过很多次头颅了。右侧月光王以发系于树上，身后一刽子手举斧欲砍，表示任劳度差砍头的情节。

　　《快目王施眼》，故事讲的是富迦罗拔城，有一名叫快目王的国王，眼睛明亮，心地慈祥，喜好施舍，得到了众人的赞扬。人物造型体态健壮，用晕染法来表现立体感，人物形象均以土红线起稿，敷色后以深墨铁线定型，线描细劲有力。

　　敦煌莫高窟北魏洞窟以精彩绝伦的连环画取胜。第254窟和第257窟的壁画比较丰富。第254窟的《尸毗王本生故事图》、《萨埵那太子本生故事图》和第257窟的《鹿王本生故事图》是有名的北魏代表作。

　　《尸毗王本生故事图》正中的尸毗王形体高大，把画面一分为二。被割肉的小腿抬起，尸毗王目视血淋淋的伤口，使割肉主题一目了然。周围较小的画描写了鹰追鸽、鸽向尸毗王求救、眷属痛苦等情节，增大了内容和时空跨度。

　　由此可见，构图把不同时空范围内发生的故事情节有机地结合在一个画面上，使画面中心突出，容量增大，有条不紊，显示

出了高超的结构才能和画艺。不愧是莫高窟最完美的本生故事组合式画。

《萨埵那太子本生故事图》把太子刺颈流血，舍身投崖，饿虎围食，两兄悲号报信，国王王后悲泣、收骨、造塔埋骨诸情节严密压缩在同一画面。

摩诃萨埵那太子"舍身饲虎"题材常见于早期佛教壁画中。人物安排交错有序，构图紧凑迫塞。整个画面以因年久变调而深邃难名、忽明忽暗的棕黑色为主，人体用粉色烘托，与散布其间的或平实庄严，或灵动蜿蜒的各种形状的青灰色、紫灰色、酱红色纠缠在一起，造成其逼面而来的幽冷沉重、阴森凄厉的气氛。一条条深沉的黑线和轻如游丝的白线繁复多变，穿插其间，把人、神、虎、山、草、木连在一起，使不同时间、不同地点发生的事都围绕着勇猛救虎的主题组织在一起，告诉人们一个完整的故事情节。

虽然故事本身具有鲜明的纯粹性，但观者不得不折服其高超的压缩时空的处理手法，为其造成的严肃、悲壮的感染力所震慑。

《鹿王本生故事图》是用一长条横幅展开了连续的情节。说的是古代有一头美丽的九色鹿王救了一个落水将要淹死的人，反被此人出卖的故事。也有人说它是佛的前身。

　　《鹿王本生故事图》的横卷式构图，以及每一段落的附有文字榜题，都说明传统绘画在新形成的佛教美术中的重要作用。

　　《萨埵那太子本生故事图》和《鹿王本生故事图》这两幅本生图在风格上，特别是人物形象，具有和第272窟和第275窟壁画同样强烈的独特风格，但也明显地承袭了汉代绘画的传统，如树木、动物、山林、建筑物等。

　　到了隋代，洞窟的佛教故事画表现丰富，出现很多生活景象的具体描写，都是简单而有真实感，构图也比较复杂并多变化。可以说，隋代壁画是佛教美术的进一步的成熟。

　　唐代敦煌壁画的题材，大致可归纳为四类：净土变相、经变故事画、佛、菩萨等像和供养人。其中净土变相的构图是绘画艺术发展中一重要突破。利用建筑物的透视造成空间深广的印象，而复杂丰富的

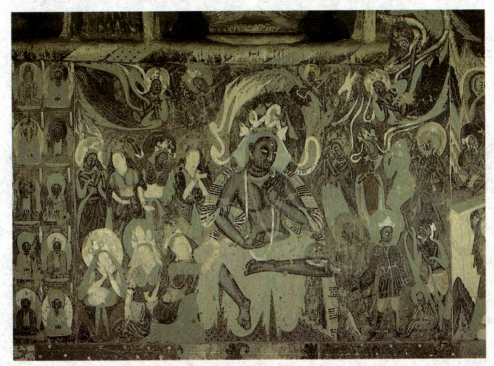

画面仍非常紧凑完整。

莫高窟的唐代净土变相共有125幅。第172窟的净土变相可以作为盛唐时代的代表作之一。

净土图的形式也是观经变相、弥勒净土变相、药师净土变相、报恩经变相的基本部分。但这些变相又各有其自己的内容表现在净土图的四周。其中有一些是生动的小幅故事画。用连续的小幅故事画表现其内容，并获得了相当的艺术效果的佛经变相，有佛传故事变相和法华经变相。

弥勒净土变相就是在净土图四周再点缀上弥勒描写过的峰峦，图下方有婆罗门正在拆毁"大宝幢"的建筑物，穰佉王等众人正在剃度出家等所组成的。

观经变，除中央部分是净土图以外，其特殊的内容是"未生怨"和"十六观"。

未生怨是用连续故事画表现频婆娑罗王为了求子先杀了一个修道之士又杀了修道之士投生的白兔，结果生了阿阇世太子，但太子长大却把父王囚禁起来，并要拔剑杀母后。

十六观是表现看着太阳、月亮、水、地、树、宝池、楼台等16种不同情况下的静坐冥想。

药师净土变的特殊内容是用一系列的小幅画表现的药师佛十二大愿。

法华经变和报恩经变的内容和表现都比较丰富的。报恩经九品中有四品常见于图绘：孝义品、论议品、恶友品和亲近品。

《法华经》的内容也是常见于图绘的。在一类似净土图的构图中，在主尊释迦之前有七宝塔和入涅槃的佛，下面是一所火烧的房子，譬喻人之不知求佛，犹如处于此着火的房子中的孩子们一样，大人告诉他们门外有各种好玩的东西，他们才肯出来。

左下方画清洁扫除的景象，其上是农夫在雨中耕作，再上是人之求法不能坚持，犹如旅行者人马疲惫，他们的道师便在青山绿水之间，变化出一美丽的城市作为目标，促使他们继续前进。

上方中央从地涌出七宝塔，中间坐了释迦和多宝二佛，图的右侧是净藏、净眼二王子为种种奇异变化等。

《维摩诘经变》是维摩诘和文殊菩萨论辩时种种景象，以及各国王子来听的场面。维摩诘激动的富有个性的面部表情被刻画了出来。维摩变的左右两下角绘有相当于当时流行的帝王图和职贡图的题材。

绘画和雕刻中的佛、菩萨等

像在唐代佛教美术中是一重要创造。这些宗教形象在类型上比前代更增加了，这形象所表现出来的动作及表情也更多样化了，出现了多种坐、立、行走、飞翔中的生动姿态。

佛像一般的很少有表情流露在外，着重内在的精神的力量的蕴蓄，处理得较好并体现了时代的美的典型。菩萨像往往有丰腴艳丽的肉体的表现，色彩鲜明，单线勾出肉体富有弹性的柔软和圆浑的感觉，具有平静的安详的内心精神状态，呈酣睡或冥想的神态，并以多种多样的姿势变化表现各种轻巧细致的动作，全身动作有一致性。

文殊、菩贤相对称，又各相独立的构图，也是常见的。在画面上，所有的人物及其动作统一在行进的行列中，伞盖等物也表现了行进中的轻微的动荡，文殊的坐像"犼"，牵引坐骑的"拂菻"，普贤坐骑象，牵引坐骑的"獠蛮"，都以其有力的形象表现了文殊、菩贤的法力。

唐代的罗汉有多种面型，其中最年长的是迦叶，最年幼的是阿难，这两个罗汉常见于如来佛的两侧，表现出两种不同的性格，其他的罗汉可见于涅槃变中，表现出处于剧烈的痛苦之中，而有着异常夸张的表情。

天王、金刚力士等形象着重男性强健力量外部的夸张表现。描写全身紧张的筋肉，有着强烈的效果。天王和金刚一般都是在佛和菩萨的周围，但也有独幅的，以天王为主神的构图。

毗沙门天为唐代战神，所以单独成为崇拜的对象。画面上有战斗的气氛，旗帜及飘带表现了气流运动和人的动作的一致，海水表现出广阔的空间，侍从中的怪脸综合了动物面相的特征和人的表情特征而创造的形象，时常出现在唐代壁画中。

供养人像则是描写真正的现实人物，但也按照这一时代的健康审美理想加以美化了的。第130窟是盛唐时期乐庭瓌和他的妻子王氏的供养像，是优秀的代表作。女供养像和菩萨像在脸型上有共同点。唐代

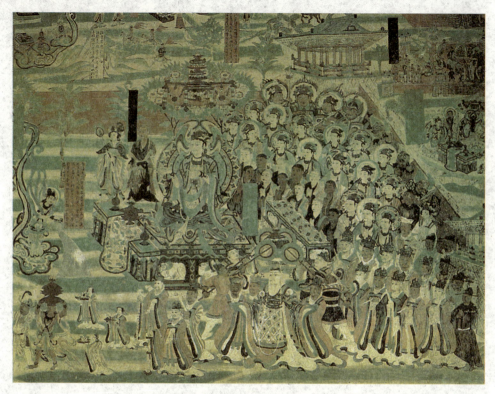

供养人的地位在壁画中逐渐重要起来，尺寸较大，而且是作为独立的作品加以精心描绘的，中唐以后在描绘供养人中，有进一步夸耀供养人的豪贵生活的作品。

敦煌莫高窟不仅有大量佛教作品，以佛的美善感召世人，也有着许多鲜活生动的风俗画卷，记载了我们先人前进的脚步。

婚礼图记载了我国古代的婚嫁风俗，这种壁画一般都存在弥勒经变里。据统计，莫高窟中描绘婚礼图共计38幅，主要形成于盛唐至北宋的300年间。婚礼图中较为优秀的有盛唐年间的第445窟、第148窟，晚唐年间的第9窟、第20窟和第156窟等。

第445窟的婚礼图画在北壁弥勒经变下部。图中左边是一个大院子，院子外面有搭建的帐篷，新郎、新娘和众位宾客都坐在帐篷中欢宴。在露天的空场地上用四组屏风围成一圈，中间有一个人跳舞，旁边还有乐师伴奏。屏风后面隐隐约约间还能看出半个脑袋，看得出来是有孩童在偷看，显得特别风趣。

第9窟和第156窟婚礼图壁画中还描绘有两只大雁，这是我国古代婚礼中的一项重要内容，叫做"奠雁"。程序是新郎持雁扔到堂中，女方家代表将它接住，表示白头偕老的意思。

第20窟婚礼图壁画中描绘了男女结婚时候互相交拜情景，图中男子下跪而女子不下跪，显得十分新奇。原来唐朝武则天当政的时候，为了提高女性地位，规定男女结婚之时男子需要下跪，而女子主要欠身拜就行了，于是从武则天时期开始，形成了唐朝婚礼的又一习俗。

莫高窟壁画中有大量描绘我国古代商旅贸易的情景。因为当时的敦煌是丝绸之路重镇，古代商人活动频繁，东来西往的商旅昼夜不息，这些自然也体现在了壁画中。

莫高窟隋朝壁画第420窟窟顶法华经变种，描绘的是一个西域商主率领着一队商人，牵着一大群的骆驼、毛驴，满载货物，跋山涉水行走在高山和荒漠之中。

当商队在翻越一座高山时，骆驼不小心从山上滚落下去，摔死在岩石上，商人们抚摸骆驼的脊背，收拾货物，重新上路。这些都说明了我国古

代商人的艰苦生活。

第45窟南壁的观音经变中，描绘的则是商人遭遇强盗的情景。画中有一队胡人，领头的是一个西域商人，他们牵着毛驴刚刚转过一个山头时，山谷中突然杀出来几个持刀的强盗。

西域商人小心翼翼的供上财宝，其余商人则战战兢兢，诚惶诚恐，露出惊惧、乞求的神色。人物神态描绘的极为生动，这些都反映出我国古代商人经商充满危险，极为不易。

莫高窟壁画中描绘我国古代耕种、收获等劳动场景的壁画非常普遍，这种耕获图在早期壁画中就非常多，唐朝以后更是随处可见，其中比较典型的有第23窟的雨中耕作图，第445窟的耕获图等。

第23窟北壁法华经变左上角，描绘出一片田地，一个农夫戴着斗笠，右手扶犁，左手扬起鞭子，正挥赶着黄牛犁地。天上乌云密布，下起了大雨，右边有一个人正冒雨挑着柴火走来。

雨中耕作图的下部分是在一处山丘旁边，有一户一家三口的农家正在吃饭。这些都将我国古代耕牛犁地劳作生活展现得淋漓尽致。

第445窟北壁右上部耕获图中，下半部展现的是一个农夫一手扶犁，一手挥舞着鞭子，前面是两头牛，这是犁地的情景。

画面的中间部分是两个人正在地里收割，一个人挑着收割的粮食正往回走。上部还画出两个农夫正在打场，左边有四个人在吃饭。

右边上部有一个大厅，厅中坐着一个人，端着茶杯，农夫正拱手向他说话，这大概表现的是农民向地主交租的情景。

莫高窟壁画中也有一些表现古代体育运动的画面，早期壁画中就有很多关于角力、射箭、马技等项目的描绘。

莫高窟北周第290窟佛教故事连环画中，悉达太子与两个射手一字排开，分别持弓瞄准排成一串的七面鼓，据说，悉达太子一次能够射穿七面鼓。这或许是古代印度的一种比武形式。

另外，第290窟还描绘有太子与难陀的摔跤故事，也十分有趣。

第156窟的张议潮出行图后部，画有晚唐时期的打马球，马球是唐朝非常盛行的一种体育运动。其中四个人骑马，均执球仗，目光向下，盯着地面上的球，形象生动活泼。

五代时期的第610窟的佛本行集经变屏风画中，则描绘出了许多体育运动的场面。有腾跃双马、腾跃四马，在马背上举铁排等马技，箭

射飞雁，举象、铁车等，都十分生动。

莫高窟初唐壁画第431窟西壁一幅牧马图。马夫看上去像是困倦了，手里拿着缰绳，抱头大睡。

马夫的左边站着一匹马，右边站着两匹马，全都膘肥体壮，与唐朝流行的昭陵六骏风格一致。

除了以上诸多壁画之外，莫高窟中描绘我国古代生产、生活、民风、民俗的内容还有很多，如求医图、卖肉图和饮酒图等。这些形象生动的敦煌壁画为我们今天了解古代生活提供了不可多得的原始材料，堪称国之瑰宝。

拓展阅读

敦煌莫高窟壁画是敦煌艺术的重要组成部分，规模巨大，技艺精湛。敦煌壁画的风格，具有与世俗绘画不同的特征。它的内容丰富多彩，它和别的宗教艺术一样，是描写神的形象，神与人的关系以寄托人们善良的愿望，安抚人们心灵的艺术。

尽管敦煌壁画几乎都是描写佛教内容，但是，任何艺术都源于现实生活，任何艺术都有它的民族传统，宗教思想也是如此。在敦煌壁画中，也有许多描绘世俗生活的壁画，精美绝伦，仿佛再现了我国古代劳动生活。

戈壁明珠——克孜尔石窟壁画

克孜尔石窟群是我国重要的艺术宝库，其形成发展，与龟兹文化和佛教文化有着密不可分的关系。魏晋南北朝时期，是龟兹吸收印度文化、犍陀罗佛教文化形成本地灿烂的民族文化时期，从那个时期开始开凿营造了许多石窟。

克孜尔石窟群是我国开凿最早的石窟，先后持续长达五六百年之久。作为龟兹石窟的代表，克孜尔石窟可以说是开我国西北石窟艺术之先河。

克孜尔石窟艺术的主要成就之一，就是面积达1万多平方米的壁画。内容包括佛、菩萨、比丘、飞天、供养人像、本生故事画、佛传故事画、因缘故事

画，被誉为"戈壁明珠"。

在克孜尔石窟群，佛传故事画面最多的是妙转法轮、降魔成道、精进苦修等3个场面。与敦煌不同的是，克孜尔石窟群画面所表现的只是本生故事中的一个关键性情节，因此一幅画就代表着一个故事。

这样，在一处壁面上，有时可以出现十几个以至几十个本生故事。克孜尔石窟群壁画艺术中，这种杰出的处理方法独树一帜，在其他石窟难以见到。

克孜尔石窟壁画中以人物形象居多，有大量反映当时龟兹人生活情况的作品，如商旅负贩、二牛犁地等。其中男供养人不剪发且戴有巾帽的是当时龟兹国王的画像。

第47号窟的壁画，在前室纵券顶窟顶上画着的是大飞天，后室横券顶窟顶上也是大飞天。她们上身裸露披挂璎珞、宝带，下身着裙，在腰间有两个衣结。她们的身体伸得比较直，只是以双脚分开，一屈一伸来表示飞的姿态。

在涅槃台西头紧靠着涅槃佛头部的西壁底部，有一副萨埵那太子舍身饲虎本生。在这幅画面上，萨埵那太子用一手撑着地，使上半身离地稍微仰起，另一只手则伸向天空，似乎他正在忍受着极大的痛苦和作出极大的牺牲。动感十足，富于生气，产生出更巨大的艺术效果和感染力。

龟兹艺术家们吸取了古希腊和犍陀罗艺术的精髓，抓住了人类感受最亲切、最微妙、最能触发激情的视觉对象就是人体这一中心，表达了他们对佛陀、菩萨、飞天的崇敬，对自由的向往和对自然的钟爱之情。人体艺术的光辉照亮了克孜尔石窟，使它成了"丝绸之路"文明的一个象征。

龟兹的画师们以单纯优美的线条，勾勒出了美妙的人体，奏出了人类童年时代纯洁无瑕的乐章。

世间最美的莫过于人体之美，在克孜尔石窟群壁画中，众多的人体特别是女性人体形象十分引人注目。人体壁画不但反映了当时龟兹民族的历史文化、社会生活内容，而且与佛教教义、佛教艺术结合得十分自然。龟兹人以大胆创新的精神和非凡的勇气，为世界艺术史留下了一道十分亮丽的风景线。

在佛经记载中，佛说法是一件了不起的大事，佛把深刻的道理讲给沉迷的人们听，以唤醒他们并带给他们天国的幸福。这是一个幻想的奇丽的世界，因而在说法讲到微妙之处，常常伴有音乐、歌舞，天人伎乐会从各个方面涌向画面，形成一个规模不小的乐队。

克孜尔第38窟被称为音乐窟，壁画描绘了龟兹乐队演奏的场景。左右壁《说法图》上方，有带状的14组乐伎，即乐神。每人奏着一件乐器。从手势和乐器的音位来看，都居然停止在一个节拍上。

从这些壁画上可以看到这个班排序列，它有阮咸、上边有龟兹琵琶，还有排箫，还有手铃，这些璎珞和钹、长笛都有，可以看到舞者的形象，拿着璎珞准备跳舞，跳舞的人多是体态轻盈的少女，穿紧身薄罗衫，她们或立，或蹲，或腾空而起如御风行驶，或脚尖着地如陀

螺转动，舞姿优美，柔若无骨。

除《说法图》以外，一般在洞窟后室涅槃像座或壁画的旁边，也有这种男女乐神，而且单独形成画面。较之《说法图》中出现的造型更优美，人体艺术的味道也更足。

以第163窟后室左壁为例：女露上身，弹箜篌，姿态柔媚；男全裸，佩璎珞，披帛带，与女叙谈，生活气息浓郁。

第163窟右道壁端的《佛度化乐神善爱故事画》，图中右侧为善爱，左侧白肤色者为女乐神。人物线条如行云流水，笔法流畅，表情传神，可谓身心完美的统一。

克孜尔石窟群壁画中的《传法图》相当普遍，比较常见的有两种，一种以连续方格的形式出现，幅面小，场面也小；另一种以通壁壁画的形式出现，场面大，气氛也较连续方格为庄重。

一壁之中的佛像，多分成3组或5组，各成单元。每单元内容大体相同：佛居中，左右听法诸菩萨、比丘、婆罗门、伎乐。

由于《说法图》的佛座两侧，常有女子交脚而坐，双掌相合作听法状，姿态十分优美，故名为闻法菩萨。

《说法图》中的舞蹈菩萨，仅着臂环或脚镯一类的饰品，此外便是用以助舞的绸带了。其娇美的舞姿栩栩如生。

　　佛经中把天国描述成为一方净土，这是一个幻想的奇丽世界，这个世界鸟语花香，歌舞升平，充满了博爱、幸福。所以在龟兹石窟中，不论是说法图、因缘故事，还是佛传故事、本生故事和其他内容的画面中，常有乐舞菩萨、飞天、天宫伎乐或是单一或是成双成对地出现。

　　如克孜尔第八窟中的《舞师女作比丘尼》，画面表现舞师女在佛面前歌舞，仅有披帛饰身，显示出婀娜的身姿。她左手托起，右手弯肘呈下推状，双脚交叉，出胯扭腰，非常诱人。

　　这幅画与被誉为"舞神"的第101窟裸女相对照，画中裸女的形态舞姿几乎无异，其中，不同的是前者头部微侧，目视右方，如同动作协调、舞姿优美的双人舞。

　　在第175窟《五趣轮回图》中，画的是一舞女舞姿优美，动作强

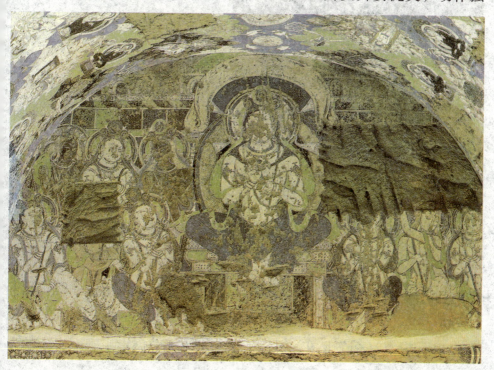

烈，较高跨度的跳跃，从画面上看其跳跃向右方，但头部却回转，顾盼左面交足而坐、怀抱箜篌、双手作节拍状与舞女舞步相合者，其动作配合默契，仿佛能从画面上感受到舞姿的柔美和节拍旋律的变化，相当传神。

在第161窟中，有一对相互偎依的人体伎乐菩萨，一个鼓腮吹笛，另一个双手抱排箫等待着随时吹奏，用笔细腻，造型优美，是众多伎乐菩萨中的佼佼者。

这些千姿百态的舞姿，使观者眼花缭乱，美不胜收。龟兹舞蹈典雅优美，动感强烈，又有碗舞、花巾舞等极具地方民族特色的民间通俗舞。

克孜尔石窟群壁画佛传故事中，有不少描绘太子降生的图画。无忧树下，摩耶夫人扶在侍女肩上，双腿交叉站立，右臂扬起，太子从她臂下肋间诞生，上身因之微向右倾。姿态从容、高雅，完全是舞蹈动作。

在这组人物的旁边，同样以动人的姿势站立着的是裸体的年轻太子。他和他的母亲摩耶夫人在画家的彩笔下，人体的形式得到了充分的表现。在《太子降生图》中，龟兹艺术家充分展示了摩耶夫人的人体美。

龟兹人体艺术的面部造型特征突出，头部较圆，颈部粗，发际到眉间的距离长，额度较宽，五官在面部所占的比例小而且集中。

龟兹壁画人体以几何形组成，常用六个大小不同的圆圈和几个圆锥形来表现人体的大块体结构，夸张了其神情。龟兹壁画的人体造型追求神似、意境，追求气韵、仪态，是按照对象本身的结构所包含的基本形状来表现她们。特别抓住了女性人体的曲线之美，及其"S"形曲线变化为核心，构成人类共同的审美情趣。

龟兹壁画人物形象中，对面部的刻画尤为细腻，其感情色彩表现得很丰富。如圆形脸，鱼形的眉目，高高的鼻梁，小小的嘴巴等。

就点睛而言，有对睛的，有斜睛的，有半掩睛的，还有将睛子藏于眼角的深处的侧视，因此他们的表情各异。

从壁画的风格和技巧来看，克孜尔石窟群虽然不像敦煌石窟，一个时代的壁画和另一个时代的这么泾渭分明，但也可以看出一个大概的发展过程的。

早期壁画依风格而论，比较粗糙。人物是用极粗的线条画出的轮廓，在用手涂的笔法表现人身和衣纹的细部。慢慢地人物画的轮廓线变细了，出

现了"屈铁盘丝"式的细线条。

人物的肌体运用了深浅不一的晕染工艺，产生了质感，这种表示物体阴阳明暗的晕染，使画像充满了立体感。特别是把人体的肌肉显示出来，使画中人物呼之欲出，这种绘画技法明显受了犍陀罗文化的影响。

到后来，壁画风格有了更大的进步。如人物的轮廓线有了粗细相间的线条，在轮廓线内又加以晕染，特别值得提的是在用色方面，克孜尔石窟群的壁画多以土红、大绿为主，相当接近于莫高窟中晚唐壁画的颜色。

这里的壁画还有一绝，它不是画在涂白的泥壁上，而是在泥壁上直接作画。既采用了有覆盖的矿物颜料，也使用了透明的颜料。着色方法不但有平涂的烘染，而且有水分在底壁上的晕散。这种具有独特风格的"湿画法"，也称凹凸画法，它是古龟兹国人的一种创造，是绚丽的石窟壁画园地里最鲜艳的一枝花朵。

第17窟号被称为"故事画之冠"，这里的四壁、窟顶、甬道、龛楣，到处是色彩艳丽的壁画。

其中一幅格外引人注目：只见一峰满载货物的骆驼，昂首而立，眼望远方。驼前两个脚夫头戴尖顶小帽，脚蹬深腰皮靴，身穿对襟无领长衫，满脸须髯面向前方，正振臂欢呼。

他们为何如此兴奋？原来在脚夫前面还有一人，只见这人两眼微闭，神态自若，高举着正在熊熊燃烧的双手，指明了骆驼商队前进方向！这就是所谓"萨薄白毡缚臂，苏油灌之，点燃引路"的本生故事。

克孜尔石窟壁画最令人印象深刻的是它的菱格构图。在每个菱格中画着不同的佛本生故事、因缘故事、供养故事和千佛故事，这些菱格还含有佛教意义，莲瓣表示莲花，山为须弥山，树为菩提树，皆是佛家吉祥的象征。

卓越的画师把复杂的故事巧妙描绘在一个菱形画面中。如猕猴王本生故事，是叙述释迦牟尼前世为猕猴王时爱护群猴，最后舍生救猴群的、有着曲折过程的故事。

在画面上，只见奔逃的猴群面临深涧，追捕的猎人引箭待发，猕猴王前后脚攀住深涧两岸的树干，以身为桥，引渡群猴。它身上有猴子奔驰，衰竭的体力很快将支持不住，却转面焦急地顾盼稚弱的猴

子。这幅画把猕猴王舍生忘死，关心群猴安危的拳拳之情，描绘得活灵活现。

克孜尔千佛洞不仅有大量宣扬佛教教义的画面，也有畜牧、狩猎、农耕、乘骑、古建筑的真实写照。

第175窟中心柱右面的通道里，有两幅著名壁画。《二牛抬杠》图中，只见两头膘肥体壮的老黄牛，低头甩尾，合抬一根木杠奋力向前拉犁。犁后的农夫一手举鞭，一手扶犁，正聚精会神地犁地。

与这幅《二牛抬杠》图毗邻的还有一幅《耕作图》。头顶小帽、身穿短裤的农夫，手持一把形似锄头的挖土工具"坎土曼"，作向下用力刨土的姿势。

这幅《二牛抬杠》耕地图和解放初新疆农村犁地的情景一模一样。栩栩如生、惟妙惟肖的画面，使中外学者为古龟兹画师的写实手法拍案叫绝。

拓展阅读

克孜尔千佛洞壁画，既有汉文化的影响，也有对外来文化艺术有选择的巧妙接受，更是古龟兹画师非凡的智慧，在我国乃至世界壁画史上占有重要地位。

当年的匠师们用粗犷有力的线条，一笔勾画出雄健壮实的骨骼，用赭的色彩，烘染出丰富圆润的肌肤，轻轻一笔画出布置均匀的衣褶。又借助一条飘曳的长带，表现出凌空飞舞自由翱翔的意境，使人一看到那些"飞天"，便有"天衣飞扬，满壁风动"之感。

罗汉祥集的云冈石窟壁画

云冈石窟位于山西省大同西郊武周山北崖，石窟依山开凿，东西绵延1000米，主要洞窟有45个，大小窟龛252个，石雕造像5.1万余躯，是我国规模最大的古代石窟群之一。

云冈石窟不仅有石窟，有佛像，还有着众多精美的壁画，这些壁画堪称一本本精妙的画书，描绘的主要内容就是佛、飞天等神话故事，都与佛学

息息相关，壁画是那样的精美，画工技艺十分娴熟，每一笔、每一画都是那样的生动，那样的传神，真是历史上的一大瑰宝！

在云冈石窟的壁画中，最为突出的是其中的罗汉壁画。作为佛弟子，罗汉多出现在佛的周围近处，或是作"听闻"而闻法，或是永住世间而护持正法。

在云冈第6窟木阁楼中，两侧壁画的十八罗汉是石窟壁画中的精品。这些脚踩红云、莲叶、海螺、龟鳖、葫芦等神物立于海水之中的阿罗汉，头顶祥云、面貌和悦，个个头绕圆形光环，表明他们已然修成正果，达到佛教修行的最高境界了。

这些修成正果的罗汉，有的正面立身，双手持法物展示着自己的独特身手；有的侧面立身，走进人群，似欲告诉他人自己的修道体会；有的回头走开，似不屑一顾而自得其所；有的身挎神兽而来、有的头顶礼帽而至。人物刻画姿态各异，生动有趣。

　　各位罗汉有的拈花、有的持钵、有的捧书、有的摇扇、有的扛铲、有的握铃、有的托帛、有的合十，更有将鞋和葫芦挑至肩上等等，体现了罗汉不同的性格特征。

　　佛典说，释迦牟尼佛为使佛法在佛灭度后能流传后世，使众生有听闻佛法的机缘，嘱咐十六罗汉永住世间，分赴各地弘扬佛法，利益众生。

　　在佛教的祖源地印度，罗汉都是历史人物，他们均为释迦牟尼的弟子，由于德行高尚被释迦牟尼委以重任。佛教传到我国后，十六罗汉便成为艺术家创作的题材。

　　据文献记载，十六罗汉有："坐鹿罗汉"宾度罗跋罗堕阇、"欢喜罗汉"迦诺迦代蹉、"举钵罗汉"诺迦跋哩陀、"托塔罗汉"苏频陀、"静坐罗汉"诺距罗、"过江罗汉"跋陀罗、"骑象罗汉"迦理迦、"笑狮罗汉"伐阇罗弗多罗、"开心罗汉"戍博迦、"探手罗汉"半托迦、"沉思罗汉"罗怙罗、"挖耳罗汉"那迦犀那、"布袋罗汉"因揭陀、"芭蕉罗汉"伐那婆斯、"长眉罗汉"阿氏多、"看门罗汉"注茶半托迦等。

　　佛教传入我国，在十六罗

汉的基础上，逐渐出现十八罗汉，具有了我国特色。到了清代，皇室信佛，由乾隆皇帝钦定，将"降龙"和"伏虎"二位罗汉列入正式序列，成就十八罗汉。

由此，云冈第6窟木结构窟檐底层东西两壁，各突出地绘画了降龙罗汉和伏虎罗汉，并融合聚集于其他罗汉之中。

降龙罗汉位于东壁，在壁画前排左侧第二位置，罗汉黑面络腮胡，怒目圆睁、咧嘴龇牙，左手举起，右手托钵，由钵内升起一缕白烟，白烟散开，一条青龙跃然于上。

伏虎罗汉位于西壁，在壁画前排右侧第一位置。此罗汉面容苍老、神情沉稳，泰然自若地骑虎而来。他一手举杖，一手抚摸虎头，老虎以和善顺服的眼神回头望着罗汉。

云冈石窟壁画与大量表现菩萨形象的大乘佛教不同，突出地表现成就正果的罗汉形象，似乎表现了小乘佛教的重要特征。

在云冈出现的这一情形，从一个侧面反映了清代初期佛教的发展

盛况。亦即无论大乘小乘，都是为教导众生着力而为，都在尽力弘扬佛法。大小乘的一并显示，是为因应不同根基众生之所需，而无宗教世界观的根本不同。

据清代1651年所立的《重修云冈大石佛阁碑记》中说：

> 云岗，去大同数武，有小堡如拳，峙于岗之右……此予集材鸠工，重修杰阁，并出山妙相，以祝我帝道遐昌之意云耳……大清顺治八年，岁次辛卯，孟夏之吉。

碑文所谓"重修杰阁"，是为修建现第5窟、6窟前的木结构阁楼。自然，绘画于楼阁内的壁画亦是当时的作品了。云冈石窟中这一面积约40.6平方米、绘制于360年前的壁画作品，不仅弥补了云冈石雕造像虽然有弟子像而缺乏十八罗汉或十六罗汉像的遗憾，更能从艺术的角度增加了壁画形式的表达，丰富了云冈艺术表现。

另外还有几个窟中，也有色彩斑斓的彩绘壁画。历经沧桑，这些绘画作品依然色彩艳丽，且人物异常生动。其中第12窟中的12位执乐器的女子，12个人拿着不同的乐器，造型各异。虽然只是石窟的一个点缀，却依然不失细致。

云冈石窟壁画在制作工序和颜料运用上、佛教石窟艺术本身造型上，以及对石窟建筑空间的装饰上都具有独特的色彩装饰美，通过对云冈石窟色彩装饰这种独特美的分析研究，不仅能提供我国古代绘画艺术的美学依据，而且也能体会到云冈石窟壁画艺术的教化意义。多少年来，云冈石窟壁画尽管遭受人为划痕破坏而伤痕累累，但其依旧色彩鲜艳而绚丽夺目。

拓展阅读

云冈石窟为什么开凿在武周山？这与武周山这块风水宝地密切相关。武周山坐北向南，武周川内山清水秀，可以说是"藏风得水"的好地方。武周山，又称武周塞，位于内外长城之间，是北魏通向北方的咽喉要道，当时人马商队来往频繁，还驻扎了重要的军队，皇帝经常在这里议论国家大事。

武周山成为北魏皇帝祈福的"神山"，他们在这里遥拜北方，祈求神灵保佑江山社稷。因此，北魏皇帝在"神山"开凿石窟，创建寺院，也在情理之中。

守正创新的麦积山石窟壁画

麦积山石窟矗立于甘肃天水市东南约35千米处的麦积山，始凿于384年，共有194个洞窟，藏有从4世纪末到19世纪初近1500年间的石胎泥塑、石雕造像近8000件，壁画1000多平方米。

在这1000多平方米的壁画中，北魏洞窟壁画数量较多，除飞天、莲花等装饰性图案外，还有在窟顶或四壁绘出内容连续的大型佛本生故事，最值得称道的当数第127号洞窟的北魏壁画。

在第127号不大的洞窟中，四壁、窟顶保存得比较完好的壁画有近100平方米。这些壁画以佛传故事的形式，表现了那个时代上至皇室贵胄、下及普通民众的生活风俗。

第127号洞窟的北魏壁画主要包括洞窟正壁的《佛说涅槃经变》，右壁上部的《西方净土变》，前壁上部的《七佛图》，下部的《地狱变》，以及窟顶的《帝释天》、《穆天子拜见西王母》、《舍身饲虎图》、《睒子本生故事图》等九部分。

这些壁画中，最具有代表性的就是彩绘于正壁上约19平方米的《佛说涅槃经变》，故事自左向右展开：

左侧依次画释迦临终仰卧在七宝床上遗教，并为迦叶示现双足；人、天与巨禽、走兽来集，劝请释迦莫般涅槃；各国国王率众前来分舍利，对峙在恒河之滨。

右侧，首先是各国人众为分舍利而展开的战斗场面；其上为浓密的林木围绕着的荼毗所，幡带飘扬，台上置舍利瓶八个；荼毗所以下众武士护持一轿，似为表现舍利子的启运；又画诸国王向一覆钵形塔礼敬有加，为起塔供养场面。

下部，左右两侧对称构图，均为车骑行进的场面，浩浩荡荡、旗幡飘飘，戟矛如林，虽形象漫漶，但大致可辨出与押运舍利子有关。

第127号洞窟北魏壁画构图开合有度，疏密有致，气势磅礴，形象生动。大开处约19平方米的壁画上画有400多人。他们有伏于马背疾驰的，有亦步亦趋、似为护驾的，还有手持刀、盾厮杀的。收合处，人物都朝仰卧在七宝床上奄奄一息的释迦身旁聚拢。

尤其值得一提的是，石绿掩映下的地面，作者以极具写意的篆籀线条勾勒出一个人，右手握刀，左手持盾牌，身子前倾，使出全身的力气向对方胸口刺去；而另一个人拿着盾牌侧身躲闪，举刀向对方的肩膀砍去。

此外，还有一个人骑在马背上，手持利剑，仿佛在指引士卒和战车的进退，又仿佛是训斥拼杀的士卒不够勇敢。唯有以纯石绿敷染的几个人，满脸木讷、呆滞，僵尸般地站在将死的释迦身后，面对眼前的一切，似束手无策。

在释迦左下不足1平方米的地方，作者分3层彩绘了60多个人。他们中有举起盾牌迎敌的，有扬起戈矛出击的，还有双手打幡旗的，重叠排布，但秩序井然。人物肩膀上方的疏空处似可跑马；肩膀至脚部的笔墨实密，似难透风。

壁画中的服饰，有的以长线条高度概括出来，有的先以黑色或石绿色重笔涂实后，再以白色细笔勾边。壁画中，人物的喜、怒、哀、乐都被作者很好地表现出来。不由让人联想到顾恺之"四体妍蚩，本无关妙处；传神写照，正在阿堵中"的不朽论断。

画这些人物时，作者先以石绿打底，再以灰色覆罩，然后以深紫

红色重染脸庞，最后以白色勾点五官。数种颜料之间的洇渗、氧化，既增强了人物面部的厚重感，又避免了壁画因年久而潮湿。

壁画中质感极强的金文线条、一波三折的汉隶笔法，以及树的造型、石绿颜料的运用等，均可从顾恺之《洛神赋图》、汉代帛画《夫妇饮宴图》、东晋壁画《飞天》等作品中找到取舍的渊薮。

整窟壁画仿佛是彩绘于墙壁上的一本连环画，一章章、一节节，环环紧扣，向人们讲述着发生在那个年代的故事。最令人惊叹的，是作者处理老虎、山鸡等走兽、飞禽手法的高超与神妙。

窟右壁顶部的《舍身饲虎图》中，高耸的山前，有石绿绘出的11株菩提树，树下有大小不等、神态各异的16只虎仔和一只大老虎。又围绕着刚刚吃完萨埵那王子的老虎染出了深紫红的底色，使画作在冷暖对比中更加突出了老虎的逼真感。

整幅作品于浓郁的悲剧气氛中蕴涵着深厚的文化底蕴。也正是对魏晋南北朝时期"八王之乱"、"五胡乱华"的社会生活的传神写照。

萨埵那王子舍身饲虎的画后，是靠左壁顶中央位置的近8平方米的《睒子本生故事图》。图中，盲夫妇的儿子被寻欢狩猎的国王当作野兽射杀了。国王的狂喜与盲夫妇痛不欲生的表情形成了强烈的对比；

国王乘坐着高大华贵的车骑，又有众多的随从跟随，这样盛大的场面与盲夫妇栖身的简陋草舍也形成了强烈的对比。以石绿染出的河流和黑白色互见的人物很好地结合在一起。

《睒子本生故事图》既是一幅极具戏剧性的故事长卷，又是一幅技法娴熟的山水画巨幛。此画极具书写性的绘画用笔和合理的构图再一次表明北魏艺术家对前人绘画技法和外来文化的成功借鉴和吸收。

再往后，是彩绘于前壁上部《七佛图》右侧的狩猎场景。画中，展翅疾飞的山鸡和狂奔逃窜的豹子、鹿与马背上双手拉弓欲放的射手和手掌托鹰、寻找兔子的猎人形成了动与静的对比。尤其让人赞叹的是，30多匹马造型精准、刻画传神。

古代艺术家于麦积山开窟造龛、雕形绘彩，曲折地传达了当时人民的心声。石窟壁画是当时人们祈盼安居乐业的精神记载，反映了那个时代的社会现实。

壁画中所表现的，其实皆是劳动者的悲、愁、喜、乐。真实的生活在

此完全取代并超越了神秘的宗教，人之初的本性被复原、放大，普通人被提升到与神同等的高度。

麦积山127窟形制不大而壁画特别丰富，为麦积山诸窟之冠。窟中右壁所画《西方净土变》，人物和建筑众多，构图严谨，气势宏伟。这是我国石窟中已知年代最早、面积最大的一幅净土变。这一时期的壁画中的人物服饰趋于世俗化，人物形体修长，面容清秀。画法古拙，色彩强烈，风格独特。北周洞窟数量也较多，出现了以绘为主、绘塑结合的新形式。

除127窟之外，麦积山七佛阁中有42尊泥塑大菩萨，阁外崖壁上绘有彩色壁画。万佛洞中的壁画也颇有特色，无论是描写从容前进的马匹、凌空翱翔的仙鹤，或是表现骑马作战，追逐野兽的场面，都善于掌握动势，充满着活力。这类作品数量虽然较少，但那生动优美的艺术形象和精细巧妙的构图布局，以及纯熟洗练的制作技法，在我国南北朝同期作品中，也是非常杰出的。

拓展阅读

麦积山石窟为中国四大石窟之一，被誉为"东方雕塑馆"，其他3窟为：龙门石窟、云冈石窟和敦煌莫高窟。

我国古代艺术家以"致广大而尽精微"的求实精神开凿的麦积山石窟，既为中华文化增加了弥足珍贵的艺术瑰宝，又为中国画的守正创新提供了历久弥新的宝贵经验。无论从哪个角度、哪一层面去解读、体悟，都可以看出麦积山石窟壁画表现的是佛学意识：众生的辛劳、神祇的定力、普通人的善良等思想精神。

寺观壁画

寺观壁画是我国壁画的一个主要类型，绘于佛教寺庙和道观的墙壁上，内容有佛道造像、传说故事、图案装饰等等。这种绘画形式是随着道教的产生和佛教的传入而逐渐发展起来的，在东汉明帝时期，壁画创作之风更盛。

山西是我国中原地区佛教、道教活动最发达的省份之一，因此佛教寺庙、道教宫观等宗教建筑极为兴盛，而依附于这些寺观里的壁画同样精美。此外还有河南的寺观壁画、滇西北的寺观壁画、四川的寺观壁画，也是我国古代壁画中的杰作。

独具特色的佛光寺壁画

　　佛光寺位于山西五台县豆村的东北，五台山西麓，创建于北魏孝文帝时期，主殿东大殿是唐代木构建筑。佛光寺中的壁画具有鲜明的特色。

　　佛光寺东大殿建于唐大中年间，殿的四壁原来都有壁画，可惜在修葺大殿檐墙和依壁塑造罗汉像时被毁。后世仅存有前槽北次间和两梢间拱眼壁外侧3幅，南北内槽前间和后间拱眼壁外侧4幅，后槽明间、两次间和两梢间拱眼壁外侧5幅，外檐两山前后各4间拱眼壁内侧8

幅，后檐南尽间拱眼壁内侧1幅，殿内明间佛座后侧东腰处1幅，计有22幅，60多平方米。

佛光寺东大殿的拱眼壁高约69厘米，长约四五米。前槽两梢间拱眼壁外侧绘着青绿色的卷草纹，势若风浪流云。前槽北次间拱眼壁外侧绘阿弥陀佛说法图，阿弥陀佛身披袈裟，袒露胸膛，结跏趺坐于仰莲佛坛上，两侧有胁侍菩萨5尊。

他们头戴花冠，项佩璎珞，身姿微曲，飘带自两肩下垂，有的捧物，有的双手合十，有的结吉祥手印。佛坛前绘博山炉一个，两侧画手捧莲花、呈半蹲姿势的供养菩萨各1尊。

像下为仰覆莲瓣基座，表明佛门净土。画面的左右两组以其胁侍菩萨观音、大势至为中心作赴会听经之状。

观音像两侧又有胁侍菩萨4尊，前为两尊持花天女，后有天王护持。大势至菩萨两侧有胁侍菩萨8尊，供养和听经菩萨3尊，前为擎持龙幡的两位天人，后有诸位官吏拜别。

观音、大势至菩萨上部各有翱翔于蓝天白云中的飞天两尊，白色流云中还端坐着赴会听经的诸菩萨和弟子。

画面着色以青、绿为主，赭石、铅粉次之，间以少量原砂和土

黄。由于殿宇朝西，下午的阳光可以射入殿内，故使前槽拱眼壁唐代壁画的铅粉变成了铁青色，青绿也失去了艳丽的色泽。这3幅壁画与敦煌莫高窟的唐代壁画如出一辙，有浓厚的古朴风韵。

后槽两梢间拱眼壁外侧绘诸菩萨众。其中北梢间拱眼壁外侧画4排102尊菩萨像，南梢间拱眼壁外侧绘3排65尊菩萨像。

这些菩萨像高33厘米至35厘米，大都头戴花冠，身着长衫，肩饰帔帛，两侧垂以飘带，色泽、式样各不相同。菩萨身后都有背光，脚踩流云，飘然欲仙，由于其色彩泛铅，部分菩萨面部和肌肤已变成赭色或青色。

总体上看，这部分壁画红、青、绿、白、赭、黄兼备，色泽较前槽拱眼壁的鲜艳。究其原因，当是南北内槽和后槽白天光线较暗，紫外线照射微弱之故。

后槽明间、两次间拱眼壁外侧画佛像。每间拱眼壁分上下两列，置35尊佛像。这些佛像都有名目：一释迦牟尼，二金刚不坏佛，三宝光佛，四龙尊王佛，五精进军佛……其用途如不空所译《毗尼经·三十五佛名礼忏文》讲述的"犯五无间业者，宜于三十五佛前至心忏悔"。

诸佛均结跏趺坐于莲座上，头饰螺髻，面相慈祥，身披袈裟，凝神端坐，颇具禅定功夫。

画面所施色彩为莲座青绿，袈裟朱红，背光有黄、白、红、绿多种。其白色部分微有泛铅。由此可见，壁画的泛铅和色变除去壁质内渗入石灰外，其主要是阳光长期照射所致。

外檐拱眼壁内槽原来都绘有壁画，内容为佛和诸菩萨众。1430年，在殿内周围塑造五百罗汉时，从檐墙上部至拱眼壁悬空塑成佛山胜景。因此，将颜料和泥巴涂抹在拱眼壁上，随后又在其上刷过朱红色，故使唐代绘制的壁画大都掩盖。

日久天长，拱眼壁上的部分泥巴和朱红色颜料脱落，使外檐两山前间和后檐南尽间拱眼壁内侧各绘佛像35尊、外檐两山后3间拱眼壁内侧各画菩萨3列，每间分别为55尊或58尊不等。

壁画中佛像均为全跏趺坐，头上都有螺发肉髻，所披袈裟分为红、黄、白、赭诸色，面相丰满，姿态端庄，神情凝注，肌肉圆润，古趣盎然。

菩萨像都头戴花冠，身穿长裙，佩饰璎珞，飘带多

于腹前打结，神态各异，栩栩如生。其色彩有红、白、青、黄、绿、赭等交错调配。

细观画面，有富丽雅趣之韵，而少单调乏味之感。其线条流畅，肌肉圆润，衣饰柔软贴体，有显著的唐代风格。

明间佛座后侧的束腰处，释迦牟尼佛须弥座背面，有高35厘米、宽100厘米、计0.35平方米的壁画一方，分左、中、右3部分。

左端画的是身穿铠甲、右手持宝剑的天王，用左手压着一个魔怪，右脚踏着一个魔怪，旁边有一女立像，头戴花冠，右手掌心托一花朵，左手掌心托一香钵，钵中还燃着香，女立像作惊异欲避状。

正中画的是一个力士手擒了一只类似猿猴的动物，用右手攥着尾巴，左手抓着头盖，那动物弓爬在地；右端画的是一个力士裸露上身，手持长杆，向左右追赶。

整幅画面中，无论天王、力士还是魔怪，都画成关节突出、肌肉隆起疙瘩，从神情看，天王、力士怒颜厉色，魔怪恐惧绝望。另外，在画面的上角，还残留一段龙爪和龙尾。

整幅壁画人物形象生动，天女服饰飘逸，天王、力士筋骨健壮，墨线劲利，设色素雅，形神皆备，与唐吴道子画的《天王送子》图像仿佛。《天王送子》图的一段有天王、女立像，两个力士和龙等，正与之相似。

由于这幅壁画处在佛座与扇面墙的夹缝间，原来两侧有土墙封起来，长久密闭，使画面的色泽历千余年后如同新的一样，红，绿，黄，黑等色仍十分醒目。终于使后世能够清晰细致地观赏到淳古的笔法。

此外，左次间和左山前侧的拱眼壁上，有宋代所绘佛、菩萨像。文殊殿内有明代重绘五百罗汉像，后世存有245尊。

拓展阅读

由于唐代盛行佛教，阿弥陀佛信仰在唐代社会相当普及，而五台山又是阿弥陀佛信仰最为兴盛的地区，佛光寺亦深受影响，因此，五台山佛光寺壁画中出现"西方三圣图"。同时，受华严思想影响，佛光寺壁画中出现文殊、普贤菩萨的内容也是必然之事，从中可见华严宗与净土宗相互影响，互为援引的趋势。

唐玄宗时，唐代佛教发展达于极盛，寺院之数比较唐初几乎增加一半。而佛光寺壁画则成为佛教诸宗思想融合的珍贵实物例证。

道家巨制——永乐宫壁画

永乐宫位于山西省芮城，又名大纯阳万寿宫。永乐宫的艺术价值最高的首推精美的大型壁画，它不仅是我国绘画史上的重要杰作，在世界绘画史上也是罕见的巨制。

永乐宫整个壁画共有1000平方米，分别画在龙虎殿、三清殿、纯阳殿和重阳殿里。其中三清殿是其主殿，殿内壁画共计403.34平方米，

面面高4.26米，全长94.68米。

永乐宫三清殿，又称无极殿，是供"太清、上清、玉清原始天尊"的神堂，为永乐宫主殿。殿内四壁满布壁画，画面有人物 289 个，是永乐宫壁画中重点。

三清殿内西、北、东三壁上，绘满了4米多高的神仙群像，三壁的画面连成一气。这些壁画人物，按对称仪仗形式排列，以南墙的青龙、白虎星君为前导，分别画出天帝、王母等28位主神。围绕主神，二十八宿、十二宫辰等"天兵天将"在画面上徐徐展开。画面上的武将骁勇剽悍，力士威武豪放，玉女天姿端立。

整个画面，气势不凡，场面浩大，人物衣饰富于变化而线条流畅清美。在繁杂场面中人物神采又都集中在近300个"天神"朝拜元始天尊道教礼仪中，因此被称为《朝元图》。表现玉皇大帝和紫微大帝率领诸神，来朝拜元始天尊、灵宝天尊、太上老君的情景，就是原来分散的诸神，全都集合起来朝拜最高主神了。

环绕三清塑像斗心扇面墙上，东西面分别是南极长生大帝、东极青华太乙救苦天尊和玄元十子等；扇面墙背面为三十二天帝君；正面北壁东部是中官紫微北极大帝、天至大圣及北斗七星、十一曜、二十八宿及历代传经法师；北壁西部是勾陈星宫天皇大帝、南斗六星、二十八宿和天、地、水三官以及历代传经法师等。

东壁是大上昊天玉皇大帝、后土皇地只和扶桑大帝、十二元神、五岳、四渎、地府诸神；西壁是东华上相木公青童道君、白玉龟台九灵太真金母元君和十太乙、八卦、雷雨诸神；南壁两侧是青龙君、白虎君。

全图近300个神仙朝着同一个方向行进，形成了一道朝圣的洪流，气氛神圣、庄严。

西壁堪称是整个《朝元图》中最精彩部分。画面以东王公、西王母夫妇为中心，各天官簇拥左右。西王母端坐椅中凤冠品服，仪态端庄典雅，表情温柔亲和。

在西王母面前有一身着蓝袍长者，据说是哪吒师傅太乙真人。他头微低，脸微侧，双手持笏，似有要事启奏西王母。在太乙真人的身后有两位天神作交谈状，似乎真人所禀奏之事正是他们也关心的事。

这一组人物相互呼应，特别是对太乙真人的心理传神的描绘，为我们刻画出一个眉宇间显现出焦虑、心事重重的长者形象。

这一幅《朝元图》，不仅反映了道教的完整体系，而近300身群像，男女老少，壮弱肥瘦，动静相参，疏密有致，在变化中达到统一，在多样中取得和谐。

壁画中的神像虽然高度、朝向大致一样，但画面利用了不同的面部颜色、衣着和神态去表达不同神仙的身份、性格。帝君的神情多半比较肃穆；武将则全身披甲，鬓发飞扬；玉女则含情地微笑，有的在对话，有的在沉思，也有些在凝神、在顾盼，形象各具特色。每个神像大都只是寥寥几笔，以浓淡粗细的长线变化，就充分表现出质感的动势来。

画中仙人袍服、衣带上细长线条，更多是刚劲而畅顺地"一笔过"画上去，好像一条条钢线镶在壁画上一样，造就了迎风飞动飘忽感，加强画中仙人的生动性。这种画法不但承继了唐、宋以后盛行的吴道子"吴带当风"的传统，而且准确表现了衣纹转折及肢体运动关系，难度极高。

三清殿壁画绘画用笔十分讲究，画中人物胡须、云鬓接近皮肤地方用笔尖细，随着向两侧展开，笔画逐渐变粗、变淡，远远看去，人物的胡须仿佛是从肉里长出来的一样，即所谓的"毛根出肉"画法。

如此精美、准确、生动画云鬓、胡须的用笔，反映画工对解剖、透视学的理解，而笔的运

行也做到了准确、舒张、刚健，不允许有丝毫败笔，显示了高超的绘画技艺。画直线不用界尺，画弧光不用圆规，这又要求画工具备过硬的画线本领。这些正是从六朝、隋唐壁画延续下来的优秀艺术传统。

从云鬓、虬须"毛根出肉"画法上去考察，永乐宫三清殿壁画诸路神仙、真人也宛然出自吴道子的笔下，继承发扬了吴道子的大唐风格。

辉煌灿烂的色彩效果，是三清殿壁画艺术的又一特点。在富丽华美的青绿色基调下，有计划地分布以少量的红、紫、深褐等色，加强了画面的主次及素描关系。在大片的青绿色块上插入白、黄、朱、金及三青、四绿等小块亮色，形成一个有机的整体。用色是以平填为主，采用天然石色，所以能经久不变。

三清殿的《朝元图》，是集中了唐、宋道教绘画精华所形成的巨制，有着悠久的发展历史。《朝元图》，最早可以上溯到吴道子的《五圣朝元图》。它是吴道子最有影响的道教图像，也是他唯一留有后人临摹的作品。杜甫当年曾经赋诗赞颂这一作品：

画手看前辈，吴生远擅场。
森罗移地轴，妙绝动宫墙。
五圣联龙衮，千官列雁行。
冕旒俱秀发，旌旆尽飞扬。

在《五圣朝元图》之后还相继出现过类似的图像，如《朝真图》、《朝会图》等。五代王建修青城山丈人观，请张素卿画希夷真君殿的《五岳朝真图》。

从所记内容，可知这时创作《朝真图》虽是朝见希夷真君，但与中原《朝元图》粉本仍有一定关系。作品一方面吸收《朝元图》千官列雁行浩浩荡荡场面，一方面又开始表现五岳、四渎、十二溪女、山林溪沼、树木诸神和岳渎曹吏等众多人物，创造各具特色的下界诸神形象。

纯阳殿东、北、西三壁以52幅画组成一部《纯阳帝君神游显化之图》，以连环组画形式来表现吕洞宾一生事迹。壁画幅高3.5米，面积为203平方米，分作上下两栏，幅与幅间用山石云树连接，每一事件既单独成章又能通过景色相互衔接。

从总体看，全画是一个完整的青绿山水通景，描绘了吕洞宾从降生到得道的种种神灵事迹。

从局部看，则是各自独立表现一定具体情节画面。画中有宫廷、殿宇、庐舍、茶肆、酒楼、村塾、医馆、舟车、田野、山川以及形形色色的人物。而且不少画幅富有浓厚生活气息，描绘了宋元时代社会风貌，如生活习俗、建筑形态，农夫、乞丐各色人物，都画得真实具体，成为了解宋元社会形象材料，从而使宗教画在一定程度上起到曲折地反映现实的作用，这在道教壁画上是具有创造性的构想。

纯阳殿扇面墙后壁的《钟离权度

吕洞宾》壁画，高3.7米，面积16平方米，是纯阳殿壁画的精华所在。

画中的吕洞宾和钟离权坐在深山磐石上，背景是一棵苍劲老松，左右两旁流淌着山中泉水。背松而坐的钟离权，体态壮健，袒胸露腹，赤脚穿着麻鞋。他双目炯炯有神，脸上带着慈祥、亲切的笑容，正注视着吕洞宾。

吕洞宾则拱手端坐，神态谦恭地静听，但其两手笼袖、左手轻捻右衣袖的细节，暴露出内心处在不知何去何从的矛盾之中。画面环境处理巧妙，用笔简练，技法精湛，代表了元代高超的绘画水平。

扇面墙相对的北门门额上为《八仙过海图》，南壁东西两侧为《道观斋供图》和《道观醮乐图》。

在南壁东侧西上角有题记："禽昌朱好古门人古新远斋男寓居绛阳侍诏张遵礼、门人古新田德新、洞县曹德敏，至正十八年戊戌季秋重阳日工毕谨志"。

后壁正中上方右侧也有画工题记："禽昌朱好古门人古芮待诏李弘宜、门人龙门王士彦，孤峰侍诏王椿、门人张秀实、卫德，至正十八年戊戌季秋上旬一日工毕谨志"。可知这些壁画的作者及完工时间。

重阳殿是为供奉道教全真派首领王重阳及其弟子"七真人"的殿宇。殿内出采用连环画形式描述了王重阳从降生到得道度化"七真人"成道的故事。

重阳殿内的连环画，虽是叙述王重阳的故事，但却妙趣横生地展示了古代社会中人们的活动。这些画面，几乎是一幅幅活生生社会生活的缩影。平民百姓的梳洗、打扮、吃茶、煮饭、种田、打鱼、砍柴、教书、采药、闲谈；王公贵族、达官贵人的宫中朝拜、君臣答理、开道鸣锣；道士设坛、念经等各式各样的动态跃然壁上。

重阳殿壁画基本上继承了纯阳殿的表现方法，用49幅画面来描述王重阳一生经历。虽然时代稍晚，但是从其反映道教有关事迹及社会生活的某些侧面来说，仍具一定的历史价值和艺术价值。

永乐宫壁画，题材丰富，画技高超，它继承了唐、宋以来优秀的绘画技法，又融汇了元代的绘画特点，形成了永乐宫壁画的可贵风格，成为元代寺观壁画中最为引人的一章。

拓展阅读

永乐宫壁画用传统的程式画法，使得近300个形象无一雷同之感，真让人叹为观止。作为唐宋绘画艺术特别是壁画艺术的直接继承者，永乐宫壁画在我国绘画史上当占一席之地。

从目前发现的我国古代绘画遗迹来看，元代人物画大幅的极少，三清殿《朝元图》正可作为研究、借鉴元代绘画的范例，并可从中得到发展中国传统绘画艺术的重要启示。整个壁画极为丰富，是研究绘画艺术和当时社会生活的生动资料。

山西丰富的著名寺观壁画

山西其他著名寺观壁画也有很多，比如，大云院大佛殿壁画、高平开化寺壁画、岩山寺壁画、汾阳圣母庙壁画、稷益庙壁画和稷山青龙寺壁画等。

大云院在山西平顺县城西北23千米龙耳山中，其中的大佛殿创建于五代时期的940年。殿内存有五代壁画20余平方米。

大佛殿东山壁绘有《维摩诘经变图》。画面上，维摩诘托病在家，释

迦牟尼派文殊前去探望，病床上维摩诘身着淡黄色病衣，侧身半卧什锦帐之中，身体前倾，神态庄严激昂，正在向文殊诉说自己的大乘主张。

前来探视的文殊，和维摩诘侧身相对坐于病榻之下，满脸虔诚，洗耳恭听，若有所思。举止安详，与正在辩论中的维摩诘的激动神情适成对照。

画面的背景全以人物衬托。舍利佛、香积菩萨、天王、罗汉、持花天女等多人，体态丰腴，表情各异，均以前方十画面人物为核心，遥相呼应，浑然一体。画面上方飞天回翔，紫雾缭绕，天女散花，呼之欲出。

大佛殿正门扇面墙上左测绘有观世音，右侧是大势至。二菩萨祖胸露腹，面相凝重，雍容典雅。扇面墙背画"西方净土变"，画工精细，色彩鲜丽。画风与敦煌同期壁画相似。

在画面上方，众菩萨和仆从分宾主谈话其间，主尊仆殷一派升平

景象。画面下方是8个边歌边舞边奏乐的乐伎，吹笛拍钹，广袖长裙，围成环状，翩翩起舞，神姿仙态，楚楚动人，拱眼壁和阑额上保存五代彩塑11米，色彩庄重，古朴典雅。

大云院五代壁画，上承晚唐风格，无论男女皆以丰腴富态为美，心胸坦荡，气宇轩昂。

高平开化寺在山西高平县东北舍利山麓，创建于五代后唐同光年间，初名清凉寺，1073年建大雄宝殿后，改名开化禅院，亦称开化寺。存建筑主要有大悲阁山门、大雄宝殿和后殿以及东西配殿。殿内梁架、斗拱上的彩绘图案非常精美，可以说是宋代建筑彩绘艺术的最佳实例，同时又是我国古代建筑中保存最完整的宋代彩绘图案。

大雄宝殿内原有彩塑已不存，宽阔的殿堂内显得异常空旷。殿内三面墙壁上满绘有壁画，色泽古朴，金碧辉煌，总面积有88平方米。壁画为宋代原作。在大殿内的梁架上还保存有画工的墨书题记：

丙子六月十五日粉此西壁，画匠郭发记并照壁……丙子十月冬十五日下手稿谷立至十一月初六日描迄，来春上彩，画匠郭发记并照壁。

这样的记载显然是画工郭发在壁画绘制过程中工作的手记。这种既有绘制确切年代，又留有画师题记的宋代壁画，在国内早期壁画中极其罕见。

虽然由于岁月流逝，画师郭发的生平已不得而知，但从该组壁画所表现的艺术手法看，他对人物、山水、界画都很精通。

壁画主题是宣扬佛教因果报应思想的佛教经变图。其中东壁、北壁画面残损较严重，漫漶不清，西壁风采依旧。

东壁绘制的是佛教《华严经》中的"七处九会"，讲述佛陀成道后在菩提道场等处讲经说法，借文殊普贤诸大菩萨而显示佛法的无边。这种题材在唐代时十分流行，由于内容丰富，题材广泛，成为佛教大型壁画中常见的题材。

大殿东壁保存有四幅。北壁绘制的是《鹿女本生》、《均提出家得

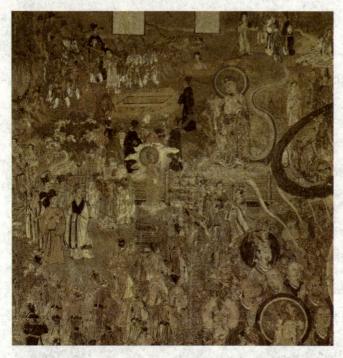

道和观音法会》，画面构图严谨，设色艳丽，笔法遒劲而细密，尤其画面所描绘的建筑物比例适中，人物冠带服饰精美，细节绘制得十分精细。画面中大量使用沥粉贴金工艺，更显得金碧辉煌。

西壁是开化寺壁画中的精华所在，是依据《大方便佛报恩经》中的佛本生故事而绘制的。壁画共分3组，中部是《说法图》，画面中释迦牟尼佛端坐在莲花台上，手做禅宗拈花印，背后饰有头光和背光，上设宝盖，左右有文殊、普贤二菩萨相伴，阿难、迦叶二弟子恭手胁侍，护法金刚雄峙左右，佛坛下是听佛祖讲经的众菩萨和僧尼，或侍立，或端坐，都是双手合十，聆听佛祖说法，虔诚之心，溢于言表。

供养菩萨跪踞于前沿，昂首挺胸，目视佛陀，描绘出一派庄严肃穆的说法情景。左侧的一组画面描绘的是须阇提太子孝行、华色比丘尼赴刑场、忍辱太子、转轮王遍访各地欲求佛法等故事。

王子善住因国内叛乱携妻室和儿子逃出国外，流浪途中粮食断绝，善住为保住自己和儿子的生命，决定杀妻而食。儿子须阇提听到后在父亲面前下跪哀求，愿割自己身上的肉来充饥，以保全父母的生命，他的孝行感动了天帝，最后得到了善果。

这种孝道思想是佛教传入我国后，与传统的道德伦理相结合的产物，情节生动，极富人情味，具有强烈的感染力。

尤其是西墙壁中部"华色比丘尼"故事中的《刑场》一图，更体现了画师郭发的高超技艺。画面表现的是华色比丘尼和她的强盗丈夫被处决时的情形，虽然这幅作品在大雄宝殿所存的壁画中，仅占约30厘米见方的篇幅，但画师却能用精致细密的笔调，把这个人物众多、场面复杂的情节内容刻画得淋漓尽致、鲜明深刻。而且图中的各类人物神情各异，动态盎然，其艺术手法之高、画技之精令人叹为观止。

右侧一组画面描绘的是善事太子本生故事中观鱼、观织、农耕等情节，除绘有佛、菩萨、弟子、金刚等外，还有渔翁、农夫、织女、官吏等各色人等以及亭台楼阁、服饰、冠带、刑器刑具等各种用品，是一幅反映宋代社会风貌的优秀作品。

善事太子本生故事，出自《大方便佛报恩经》，讲述善事为一切

众生谋求福利，入海求得摩尼宝珠，都被其兄所夺，并被刺瞎双眼，流落异邦，最终返回故国的故事。画面中的入海求珠、太子绝食、告别双亲等情节描绘得都很生动，尤其是画面中绘的一艘大船，其样式是研究宋代航海业的珍贵资料。

《观织》一图描绘的是善事太子观赏织布的情景，画面上的织女下着长裙，上身袒露，坐在长凳上织布，她使用的织机与山西当地农村使用的织机几无二致，真实地再现了宋代妇女的劳动生活。

在西壁的南部还画有一尊听法的菩萨，菩萨头戴莲花冠，颈佩璎珞，双手合十，旁有弟子手捧经书，左侧金刚侍卫，四周是听法菩萨和僧民，人物密集，层层叠叠，人物造型准确，服饰线条流畅，主次分明，重点突出，已经形成了宋代壁画的风格和特征，具有极高的绘画艺术水平。

开化寺的宋代壁画，画面中除了佛、菩萨外，还有渔翁、农民、织女、官吏等各色人物，殿堂楼阁、殿宇廊庑等各种建筑，人物的服饰、冠带、器皿、刑具、兵器等，可以说是一幅优秀的宋代社会生活风俗画。尤其是壁画中对女性的描绘，精妙入微，妩媚秀丽，所绘人物冠带服饰都极为精美，是典型的宋代画风。

岩山寺在山西省繁峙县天岩村，始建于金代时的1158年，原名灵岩院。殿内壁满布金代壁画，面积约97平方米。为规模最大、艺术水平最高的金代壁画。

西壁壁画宽11.4米，高3.45米，画中有城池宫殿、山水树石和大量人物，穿插有佛本生故事。画中宫殿最值得注意处是宫城正门外双阙为重檐"十"字脊屋顶，主殿平面呈"土"字形，前殿后楼，中间连以柱廊，后楼之后向北突出三间二层小楼，其北又突出3间单层歇山小

殿。画左上方有1167年题记。壁画为宫廷画匠王逵68岁时所绘。

东壁壁画宽11.06米，高3.42米。南侧画一组较大宫殿，正门外有单檐歇山顶的子母双阙。正殿侧有砖砌高台，上建小殿。北侧画有一座水磨坊，水磨传动部分画得很准确。北壁东梢间画一重檐顶的七层塔，塔后城墙马面上画敌楼，下为木柱，上为平顶，突出城外的三面用板封闭，开箭孔，向内一面敞开，敌楼顶上有瞭望用的白露屋，形如穹庐。这是最早的敌楼形象。

东壁壁画中歇山顶子母阙反映唐至北宋前期宫殿门阙的特点，西壁壁画中十字脊阙楼则反映金代特点，并影响到元代，是研究唐至明代宫殿正门形制演变的重要史料。西壁所画土字形主殿与史载金代宫殿形制大致相合。由于宋、金、元的宫殿已毁，此图可用来探索宋元宫殿形制的变化。

汾阳圣母庙又名后土庙，庙址在汾阳城西北田村，因主祀后土圣母，故名。殿内东、西、北三壁满绘壁画，东、西壁画高3.7米，北面壁画高2.5米，三壁壁画总面积达59.46平方米。

汾阳圣母庙壁画为道教形象，东壁是《迎驾图》，西壁为《巡幸图》，北壁题《燕乐图》，三壁画面互相连接，而又各自独立，龙辇仪仗、出行回宫、宴饮歌舞、侍奉起居，以及亭台殿阁、曲桥廊庑、富女百官、茂树名花，都折射出皇家宫廷生活的影子，充满强烈的世俗气息。壁画工笔重彩，沥粉贴金，场面壮阔，人物众多，亭台楼阁布局得当，曲桥廊庑错落有致，为明代道教壁画之珍品。

稷益庙位于新绛县阳王镇阳王村。殿内东南西三面满布壁画，面积130平方米，壁画保存基本完好，东西两壁以台阶式布局，宽8.23米，最高处达6.18米，在明代壁画中属巨幅佳品。

壁画绘文武百官、农民朝圣、稷益传说、烧荒狩猎、伐木耕获、山川园林等故事，在我国现存壁画中可谓独树一帜，内容丰富，艺术精湛，堪称我国古代壁画遗产中一颗璀璨的明珠。

稷益庙壁画不同于佛教题材的敦煌壁画，也不同于道教内容的永乐宫壁画，更不同于儒释道合一的青龙寺壁画，而以古代传说故事为体裁，赞颂大禹、后稷、伯益为民造福的英雄事迹，体现了我国古代劳动人民征服大自然的勇猛精神，画艺精湛，布局严谨，是研究我国古代农业的重要文物，国内罕见。

东壁绘朝圣图，以三圣殿为中心展开画面。三圣殿面阔3间，重檐歇山顶，两厢配殿。殿前植有梧桐、月季、松竹、槐树等花卉树木。三圣帝君即太皋伏羲氏、炎帝神农氏、轩辕黄帝氏皆坐于殿中，两旁及左右厢房中侍女成群，手执壶浆果盘。

　　台阶左右有文武百官、农民侍立，其左环立官员和手执五谷、肩扛农具的农民，右边有多个农民，有肩扛猎物的，有捆绑着蝗虫，有手拿蚂蚱等害虫和野草的。一女子似为五谷之神，身穿璎珞宝衣，左手持碗，右手执勺从碗取种子，好像是向农民所赐。

　　其前面侍立的似为土地神，右下有两力士，又有一武士身负盒囊，作报告状。松树林下有一长尊，上摆食盒酒壶。

　　东壁上部绘《斩蛇图》。山野中有四武士斩蛇场面，周围有围观、朝圣的人群，背景是幅美丽的风景园林，群山清水，云雾缭绕，花木繁盛，山间有打柴的樵夫，路上有行进的马拉轿车，图中有马、牛、羊等牲口，室内有生育、洗澡的家庭生活场景。后稷降生的传说故事画于东壁两侧，有祭祀天地，后稷降生，牲畜圈中，抛于山野，禽鸟饲养，樵夫发现，母亲抱回，邻人探望等故事画面。

　　西壁以三圣殿前的一部分布局，殿台、树木为近景，午门、军帐为中景，山川、云树为远景，祭庙楼阁为两翼，形成宏大场面的纵深空间感觉。内容主要有大禹、稷益、祭祀、群仙、耕获、田猎等图。

其中的大禹头戴高冠，身着蓝袍，腰系金带居中而坐，红日从水中冉冉升起，右首坐后稷，手执谷穗，左首坐伯益。

台下一文官手执笏板面朝后稷，一武将面向伯益，均作禀报状。两边全有文武百官武士侍女等，分持笏板、斧钺、壶浆、果盘等。

右边楼阁，侍女数人行走在长廊中，有抱琵琶，捧果盘、食盒的，形态各异，或交谈，或私语，或自语。天上也有几组红衣仙人乘祥云而下望，官吏数人举首朝拜。

左边祭庙，祭祀贡品有猪、牛、羊，桌上摆3个牌位，中间为"昊天玉皇上帝位"，左为始祖后稷神位，右侧神位只见背面，当为伯益神位，祭祀者为皇帝，高官显贵，两旁器乐鸣奏。

祭坛外有几个官员正在焚烧表章。两名侍者，其中一人手执火棍，另一人呼叫。远处殿阁井然有序，幡旗招展，并有树木、圆帐，

门前武士侍立守卫。

祭庙上部为烧荒狩猎图。山上正放火烧荒打猎，山下有一官吏向伯益报告开荒和狩猎的情况。山间火势凶猛，受惊吓的野兽跃下山崖涉水过河，已过河岸的两只麋鹿正回头张望。远处山涧几只猴子，正嬉戏玩耍。对面山林一对猛虎正在厮斗，一猛士正拉弓欲射，几个武士手执刀剑，准备厮杀。

山下绘耕获场面图，后稷正教民耕稼。路上有一妇女肩挑饭篮、水罐前去送饭，小心谨慎过小桥，一孩童手捧水碗、食物走在妇人前，田间农民头戴斗笠、草帽，正辛勤劳作锄地，一老夫似乎听见小孩的喊声，张望前来送饭的母子。

麦田中有两个农民正在割麦，前边一年长者手握镰刀、麦子，回头跟另一农民说话，路上有担挑、推车的农民来回搬运，麦场上有人上垛、打场，场上一头牛拉着石头碌子碾压着收割回的麦子。

农民有的手执鞭子赶牛，有的拿扫帚扫场，有的肩扛木杈正准备翻场，有一小孩手拿簸箕在牛后拾粪。碾好的麦子金黄耀眼，堆积如山。堆子上插一面小旗，边上两人正装袋子。装好的粮食有的已装上驴背准备驮运，旁一穿绿裙的妇女抱着小孩观望。

南壁东侧绘"东帝赴会"，队伍成三路行进"三圣殿"，张大帝羽扇纶巾，正带领众人进殿。两侧绘"阴曹地府"。整个壁画共绘有人神400余位。

稷山青龙寺位于稷山县城西马村四侧，创建于662年。大殿壁画为佛教造像，东壁是《佛说法图》，中间绘释迦像，两侧为阿难、迦叶二弟子和文殊、普贤二位菩萨，以及护法金刚护卫，上有人首鸟身的飞天。

西壁是《弥勒变》，中间绘弥勒像，左右为二大菩萨和众弟子，下方西侧为国王和王妃剃度图，有宫人围侍。大殿壁画据南壁窗槛画工题记为"明洪武十八年"即1385年补绘或重装。唯只西南隅少部分粉墨为元代印迹。

腰殿四壁则绘水陆画，是青龙寺壁画中的精华所在。该殿全部构图共有人物300余众，分画在130平方米的墙面上。

形象有佛教的佛祖、菩萨、明王、罗汉，道教的帝职释、圣母、金刚、星君，儒教的贤妃、列女、孝子、忠臣等。故事则有礼佛图、六道轮回、八寒地狱、苏武牧羊等，像与图混合，释道儒糅杂，天上人间、神人鬼怪，包罗万象。既宣扬了宗教的威慑作用，也展现出不少世俗生活场景，为存世水陆画壁画中的巨制。

以上壁画画面结构严谨，笔力遒劲流畅，色彩柔和协调，人物繁而不乱，人体比例适度，造型优美，形象生动，衣饰飘然，栩栩如生。它继承了我国唐宋以来的绘画表现技巧，被视为元、明两代绘画之杰作。

拓展阅读

开化寺的宋代壁画，虽然是以佛教的经变故事为主题，用于宣扬佛法的威力和因果报应。但是由于宋代世俗化的影响，宗教题材发生了很大变化，用现实景象，宋装的人物，中国的景物，来表现外国的传说，在这里佛教被完全中国化了。儒家的孝道、社会上各种人物的活动，都成为了壁画中的题材。在开化寺壁画中，宋代社会生活景象历历在目，生活化、世俗化程度是前所未有的，可以看作是宋代社会生活的风俗画。

禅武合一的少林寺壁画

少林寺位于河南登封县城西南的少室山北麓五乳峰下，建于495年。被称为中华禅宗祖庭、武术祖庭。寺内千佛殿内有著名的明代五百罗汉朝毗卢壁画，计300多平方米。白衣殿内有清代少林寺拳谱，

以及《十三棍僧救唐王》的壁画。

千佛殿壁画绘制在大殿三面山墙上，高7.5米，长42米，面积约320平方米。壁画主题为"五百罗汉朝毗卢"，是围绕殿内所奉毗卢佛展开的。

画中五百个罗汉，有合掌，有捻珠，有托钵，有扛铲，有挠痒，有赏画，有降龙，有伏虎，千姿百态，神情生动。

各壁皆以云气、波涛图案将人物分成上、中、下3层，各层人物又被有机地划分为各个组合，各个组合多者十八九人，少者仅二三人，富有情节性。

而各个组合之间又相互呼应，使整幅壁画显得既有变化、又有条理，确是一幅构图严谨、气势磅礴之作，国内亦不多见。可惜此壁画未署作者姓名，亦未标出创作年代。过去曾传为吴道子所作，当然这是溢美之词而已，但不会出于一般的民间艺人之手。

殿内供奉的毗卢佛铜像，高3米，结印跏趺，端坐在千叶莲台上，造像庄严，工艺精美，为敕建千佛殿时所赐。根据毗卢佛铜像

与五百罗汉壁画在主题上的有机联系，可以认为，壁画应该出于最初设计意图的，也就是说，千佛殿壁画也应该和毗卢佛铜像一样，都是大殿初建时制作，都是出于宫廷艺人之手。

壁画在1623年前即已存在。1623年，徐霞客游少林，他在《游记》中写道：

> 后为千佛殿，雄丽罕匹……据名实关系，有"千佛"之名，当有"千佛"之实。

另外，白衣殿佛龛两侧壁绘有《降龙伏虎罗汉图》，其画风、笔法，与千佛殿壁画完全一致，当出于一人之手。

白衣殿作为千佛殿配殿，在千佛殿东侧，为清代硬山式建筑，因殿内神龛中供有白衣大士即观音菩萨铜像而得名。亦应建于明代的1588年，清雍正年间敕修时曾经重修。白衣殿不像千佛殿"依山劈基"，地基坚固，而是筑台而建。

白衣殿白衣大士铜像位于大殿东壁，铜像两边分别绘有两幅有关少林武僧故事的壁画。殿壁画为清代重修时补绘，但殿中央佛龛不容易倒塌，故佛龛两侧，仍保留着初建时的壁画。

左面绘的是《十三棍僧救唐王》。隋代末年，李世民攻打洛阳，少林寺十三棍僧帮着李世民捉住了盘踞洛阳的郑王王世充的侄子王仁则，受到李世民封赏，少林武功自此名声远扬。后来，唐高宗"嘉其义烈"，特许少林寺自养僧兵500，为少林武功唐宋时期的长足发展奠定了基础。

《十三棍僧救唐王》壁画还有配诗：

道义肩担看棍僧，崎岖山道阻敌兵。
金戈非是佛门用，棍棒犹宜衲子擎。
得救唐王脱险境，垂成寇盗遁逃形。
赐田百顷为酬报，堊壁画图来者评。

在《十三棍僧救唐王》右面，绘的是《紧那罗王吓红巾》。元代末年，颍州红巾军欲劫掠被元政府一再抬高地位而盛极一时的少林寺，危急时刻，一个平时默默无闻的火工头陀在少林寺门前化作3丈高的金刚之身，惊退红巾军，使少林寺免遭一场劫难。少林寺鼎盛期一直延续到明末，少林功夫的特色也在明代完全形成。这名火工头陀后来被少林寺视为护法神，在许多大殿和初祖达摩平起平坐，被一起供奉，称为"紧那罗王"。

白衣殿南北壁墙还有两幅壁画，和上述两幅壁画都是清代作品，是研究少林传统武术的珍贵资料。南壁画的是著名武僧湛洛、湛举指导众武僧练武的场面。整幅壁画可分15个组制，每组一个招式，都是刀、枪、剑、戟、杖、鞭等器械的对练。

北壁画的是清朝大员麟庆在少林寺的观武场面，画中绘的全是武僧手搏图，也全是少林拳中六合拳等精华拳种及心意把等最上乘功法的招式。

1828年3月，清代官员、学者麟庆祭中岳后巡视少林寺，因久闻少林武功盛名，让寺院主僧组织武僧演武。主僧因当时形势，矢口否认还有寺僧习武，麟庆加以安慰，主僧这才挑选武僧在紧那罗王殿前演武。这次演武是康熙后期至道光年间少林寺唯一可查公开大型演武活动，官府从此才放宽了对少林僧众习武禁令。

麟庆观武之后，少林寺仍害怕因练武被追究，便让演武的一些武僧离开寺院，隐居深山继续练功，以便在民间保留少林功夫，并寻找合适机会将绝技再传续给少林。后来少林武功炙热全球，想必当年的少林主僧们应该如愿以偿了。

拓展阅读

清代官员、学者麟庆观看少林武术的背后，其实隐藏着清代以来少林传统武术艰难传承的一段曲折历史。

在麟庆观武壁画中，白衣推掌者寂勤从少林还俗后，将少林最上乘功法心意把等传于其子吴山林，吴山林传弟子张庆贺，张庆贺传弟子丁宏本。后丁宏本遵师命披剃出家，拜少林寺第三十代住持素喜为师，得法名德建，并在白马寺受持三坛大戒，正式成为少林寺僧人。寂勤一脉把从少林寺带出的武功秘技归还少林的愿望也因此得以实现。

陵墓壁画

古墓壁画是土墓代替了石墓后，绘于墓室土壁上的精美壁画，不仅是我国古代壁画艺术的重要实物资料，也是研究古代墓葬历史文化的珍贵实物资料。

以汉代陵墓壁画为例，属于西汉时期的有河南洛阳的卜千秋墓壁画、陕西西安的墓室壁画《天象图》；属于新莽时期的有洛阳金谷园新莽墓壁画；属于东汉时期的有山西平陆枣园汉墓壁画《山水图》、河北安平汉墓壁画，以及在内蒙古和林格尔发现的壁画墓等。这些陵墓壁画反映了秦汉时期的厚葬之风。

大气恢宏的洛阳汉墓壁画

洛阳在两汉时期曾为陪都和都城，是当时政治、经济、文化的中心。洛阳发现的大量汉墓壁画遗迹，保存完好，色彩鲜艳，洋洋大观。

洛阳汉墓壁画可大致看到两汉壁画发展的脉络。从招魂升天到车骑出行，从日月星象到宴乐歌舞，从宗教迷信到封建礼仪，表明汉代艺术逐渐从神鬼世界走向人的现实生活，稚拙古朴，天真烂漫。从中反映出当时各种艺术空前发展。

汉代厚葬之风盛行，上至皇

室，下至豪门世族、殷富大户，皆崇尚厚葬，追求灵魂不灭。这种从凡俗升华到天国的热切情怀，对未来生活的憧憬与对物质财富的强烈占有欲，在汉墓壁画中得到了充分的体现。

洛阳汉代壁画墓共有112座，年代以卜千秋墓为最早，约在西汉昭帝和汉宣帝之间，最晚为朱村壁画墓，当为东汉晚期至曹魏时期。

这里有伏羲女娲的人首蛇身，有西王母、东王公的传说和形象，这是一个人神杂处、奇异怪诞的世界，这是一个现实图景与神话幻想同时并存，儒教和谶纬迷信共置一处的浪漫天地。

在这些琳琅满目的汉墓壁画中，不仅可以看到两汉时期墓室的建造技巧和壁画发展的脉络及特点，而且还能感受到了汉代人们的情感意趣和思想观念。

洛阳汉墓壁画所涉及内容大致可分为5类：一是神话故事类。主要有东王公、西王母、伏羲、女娲一类仙人和表现天上世界的仙禽神兽，及在"天人感应"论影响下产生的祥瑞图。最具代表性的是卜千秋墓的《升仙图》。

卜千秋墓墓顶平脊上绘一幅完美的卜千秋夫妇升仙图，长4.51米，宽0.31米。图中在13块砖上从前至后依次绘有：女娲、月亮、持节方士、二肖龙、双枭羊、朱雀、白虎、仙女、奔兔、猎犬、蟾蜍、卜千秋夫妇、伏羲、太

阳、黄蛇等。

这幅图可以说是长沙马王堆汉墓帛画升仙图的展开形式，长长的升仙队伍，显得气势雄大而壮观，完全是一个"飞龙乘云，腾蛇游雾"的逍遥世界。

二是天像神类。如日、月、星宿、云气和象征四方星座的四神：青龙、白虎、朱雀、玄武。洛阳烧沟61号壁画墓的日月星云图，是我国发现最早的天像图之一。

在这座墓室顶部平脊12块砖上，从前至后绘出一幅长3.5米，宽0.55米的日月星云图。依次为：太阳、北斗、王帝座、贯索、毕宿、心宿、鬼宿、月亮、虚宿、河鼓、右旗、织女、柳宿、叁星。

三是历史故事类。"以古为镜，可知兴替"，重视历史借鉴，在汉时甚为风行，并以壁画形式引导帝王臣民酌古而鉴今。为了宣扬儒家伦理道德，强调人身依附关系，先秦时期的经史故事多在壁画中出现，比如孔子、周公一类的古代圣贤及猛将义士等。

洛阳烧沟61号西汉壁画墓中发现的"二桃杀三士"，在墓室前堂隔梁正面，绘一幅长卷，高0.25米，长2.06米，图中共绘13个大小不同的人物，左端有三座蓝紫色的小山峦，山右绘三武士，他们情态各异，或拔剑，或扶剑。这幅画所表现的内容，右边八人是《二桃杀三士图》，左边五人是《周公辅成王图》或《孔子师项橐图》"。

四是表现墓主享乐生活的燕居、庖厨、宴饮、歌舞、迎宾拜谒等场景。比如偃师辛村新莽墓壁画，此墓壁画共有8幅，其中以《庖厨图》等最为著名。

《庖厨图》画中人物众多，形态生动传神，真实地反映了汉代中原地区人们的饮食习俗和浮华奢侈的社会生活场景。

五是表现墓主仕宦经历和身份的车骑出行。例如偃师杏园村东汉墓壁画和朱村东汉曹魏墓壁画，其中杏园村《车马出行图》，色彩深沉厚重，人物动态栩栩如生，画幅长达12米，共绘出9乘安车，70余个人物，50余匹奔马，在当时可谓鸿篇巨制。

《车马出行图》气势雄壮，车骑队伍浩浩荡荡，描绘出一派车辚辚、马萧萧的威赫场面。

洛阳汉墓壁画形制多为砖石结构，西汉用空心砖，东汉用

砖券，墓主多为地方豪强和高官显贵。作画者大都是民间画工，他们师徒相传，父子相继，终日伏于墓中，在晃动油灯下，一笔一画地描绘。

壁画一般都画在顶脊或山墙上，或者室中的两边壁上，概括起来有3种作画方式：一是绘前在空心砖上涂一层白灰泥，然后用墨线勾勒，再施色彩；二是涂抹一层白灰膏于小砖上，再绘壁画；三是用白灰水刷底，绘在墓壁和顶部的砖上，笔画粗犷。

从洛阳汉墓的绘画技法上看，当时主要以毛笔为作画工具，用墨色勾线，用化学性质稳定的朱、绿、黄、橙、紫等矿物质材料为主要颜色。前期壁画笔法稚拙，造型夸张，墨色鲜艳，人物情态惟妙惟肖，画面充满神秘感和运动感。后期壁画造型严谨，向写实方向发展，线条紧劲绵密，繁简有致，动静有序，注重细部刻画，墨色丰富，含蓄深沉。

拓展阅读

汉代是我国绘画艺术史上的第一座高峰。作为西汉五大名邑之首及东汉都城的洛阳，两汉时期在政治、经济、文化、艺术上地位之重要，堪与唐代的长安媲美。从20世纪初以来，洛阳地区先后发现两汉时代的壁画墓达十几座之多，其绘画题材之丰富、艺术水平之卓越、延续年代之长久、发展脉络之清晰，均称全国之冠。

洛阳汉墓壁画以其独特的艺术面貌，深沉雄大的气魄充分显示了博大精深的汉民族绘画艺术，为我国绘画的发展写下了辉煌的篇章。

华丽绚烂的西安古墓壁画

　　西安是我国古代重要的都城，在渭水两岸的京畿陵区，分布有这个时期高规格的墓葬，发现有汉至唐时期的壁画墓。

　　我国年代最早、保存最完整的二十八星宿天文图，在西安的西汉壁画墓里，汉墓内壁被色彩填满了。它的下半部分，是表示人间的山峦、鸟兽，上半部分则是象征天上的云、鹤、日月、二十八星宿，人

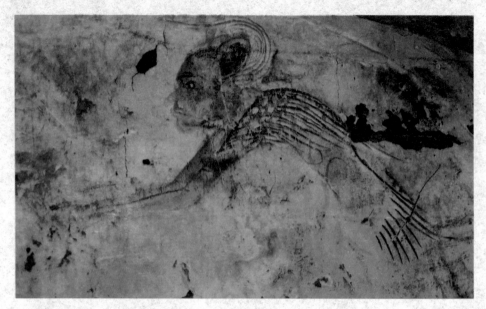

间和天堂之间，用朱砂绘制的菱形网格分开。

壁画上半部的天堂场景，用石青和汉紫构成的云雾在"天空"缭绕，犹如仙境，仙鹤婀娜舒展，体态各有不同。

墓顶南部有太阳，北部是月亮，日月的外围，被一圈星宿即二十八星宿包围，星星是一颗颗白点，同一"宿"的星用线连接。

"女宿"是一位坐着的女子，代表织女，牛宿各星相连组成了一头牛。最有趣的是"鬼宿"，两个人好像抬着个滑竿，中间坐着一个穿着黑衣的"鬼"。

鬼宿中间的"鬼"其实是一个移动星团，看起来就是一团白色的烟气，古人称它"积尸气"，相对于其他恒星，这个星团在不断地移动，俨然一副"鬼相"，不过它的移动速度非常缓慢。

东方苍龙左后爪处的一颗红色的星是心宿中的"大火星"，它非常重要，整个汉墓的星图中，只有这一颗红色的星。

在古人眼里，大火星被拟为"明堂"，就是天子祭祀天神的殿堂。不仅如此，大火星在我国古代的农业生产中担当着重要的角色，每年春天，只要大火星从东方地平线上升起，人们便知道：这一年的春耕要开始了。因为大火星升起后，气候便开始逐渐回暖，不会再有大的寒潮了。

隋唐是在经历南北朝长期分裂之后建立起来的统一王朝，西安作为隋唐都城，前后长达300多年。隋朝因立国短暂，所有有隋代纪年的壁画墓发现的并不多，主要有西安东郊韩森寨发掘的隋开皇年间的吕武墓，白鹿原隋大业年间的刘世恭墓和李椿夫妇墓等。

唐代国力强盛，帝王崇尚厚葬，自唐太宗李世民营建昭陵，开创了因山为陵的先例之后，唐朝各代帝王的陵寝多依山构筑，在西安周围的乾县、礼县、泾阳、三原、富平、蒲城等东西绵延百公里的范围内，分布着唐朝18座帝王陵墓。

唐代壁画墓的发现，主要集中在献陵、昭陵和乾陵的范围内。唐

高祖李渊的献陵陪葬墓为30座，墓主人大多是皇室宗亲，经发掘壁画墓有高祖第十五子李凤墓，高祖第六女房陵公主墓等。其中李凤墓墓室顶部绘星象，甬道两侧在长廊建筑中的各间内绘女侍，过洞西壁绘有牵驼图，是陪葬墓中年代较早的实例。

在西安地区，唐代的壁画墓除上述的帝王陵及陪葬墓外，在西安市郊和毗邻的京畿地区，还发现了大量的唐代壁画墓。重要者有武周天授元年金乡县主与其夫于隐的合葬墓，天宝四年苏思勖墓，兴元元年唐安公主墓，显庆三年执失奉节墓，景龙二年韦浩墓，景龙四年韦洞墓，中唐的韦氏墓，贞观四年淮安王李寿墓，景云元年节愍太子李重俊墓等。

李寿墓墓址在陕西三原县，是唐墓中年代最早的一座。墓道东西两壁，上层绘飞天、狩猎图，下层绘骑马出行图，由42匹马和81人组成，队伍严整，气势显赫。过洞及天井东西壁下层绘步行仪仗队12幅。

第四天井东西壁下层各绘大型戟架两副，旁边有仪仗队3列。第一、二、三、四过洞及甬道南壁均绘有重楼建筑。第三天井上部脱落下的壁画残片，有牛车、牛耕、播种、饲养家禽、推磨、担水、膳事等画面。

甬道口的东西壁上部各绘一飞天，下部两人，一佩剑，一持弓。甬道中部东西壁绘人物众多的内侍图、侍女图。甬道后段，东壁绘一寺院，西壁绘一道观，均有人物活动于其中。墓室西壁上部绘马厩及草料库。北壁东部绘一庭院，内有贵妇和侍女在游园及乐舞一组。南壁下部墓门两侧下部绘侍女图。壁画基本上是用铁线描，旗帜着色用平涂法，人物面部、服饰用晕染法。

唐代李爽墓壁画残存壁画25幅，较完整的有16幅。墓道进口处东壁，残留6个着乌皮靴的人的下半身。甬道口外东西墙壁上用朱红色绘宫殿。由甬道口向内，东壁画面依次为：执笏躬身男文吏、执笏直立女子、执拂尘女子、吹箫男乐人、执拂尘女子、执团扇女子。

北壁画面由东向西依次为：吹笛女乐人、吹排箫女乐人、双手捧盘女子、双手捧壶女子。西壁画面由北向南依次为残存头部、捧盘女子、捧黑色杯子女子、男子残像。南壁画面已脱落净尽。

甬道西壁画面由北向南依次为：女子、执笏躬身文吏，面部颧骨染一块红色。墓顶绘有日月、星辰、银河等。墓室壁画用彩绘，墓道壁画都用墨画。

乾陵是我国历史上唯一的女皇帝武则天与唐高宗李治的夫妻合葬陵。在陵园东南方向有17座陪葬墓，如懿德太子李重润、章怀太子李贤、永泰公主李仙蕙等五座墓，其墓室里的壁画更为清丽，达1200多平方米，内容丰富，反映了皇宫内的现实生活气氛较浓，与宋以后脱离现实的文人画迥然不同。

在陪葬墓，壁画几乎布满了墓道和前后墓室的四壁及顶部，进入墓道仿佛到了一个地下画廊。

永泰公主墓入口处以飞腾于流云中的青龙和白虎为首，后面紧随一组威武雄壮的仪卫队伍。左青龙、右白虎在这里不仅是吉祥的象征，而且还表示方位。在我国古代有"四神"，即青龙、白虎、朱雀和玄武，它是用来象征天空的。

古人把星空分别划成了固定的区域。《史记·天宫书》里把星际天宇归纳成四大区域，即东宫、西宫、南宫、北宫，四宫分别以青龙、白虎、朱雀、玄武作为代表。这样，天空宇宙便通过"四神"的形象呈现在古人的脑海中了。仪仗出行图是这一时期唐墓壁画的重要题材。永泰公主墓东西两壁中就绘有30人的步行仪仗队。以东壁为例分为5组，每组6人，这种仪卫形式可能是模仿皇后仪仗中之诸卫，而超越了公主一级的仪仗制度。

因为永泰公主于706年由洛阳迁来陪葬乾陵，其父李显已复位，在埋葬时格外优厚的实施了"号墓为陵"的埋葬制度。

前墓室东西两壁的宫女图，久享盛名，为人称道。整个画面绘有30个面色红润、身着宫装的唐代妇女。其中以东壁南侧的一幅宫女图最为精彩。左起第一人双手托着披巾，挺胸趋步前行，姿态雍容华贵，似为领导，嗣后宫女面相和神态各异，服饰与发式不同，分别捧盘执杯，抱物持扇或拿拂尘，或端蜡烛，由九人组成向同一方向徐徐行进的队列。

这是一些站立人物的排列，作者巧妙地利用空间的效果，给人物以正、背、转、侧的前后穿插，使她们左顾右盼，相互呼应。

整个画面显得丰富而有变化，又从不同角度画出人物默颔、凝视等神态，表现了宫廷婢仆所特有端庄、拘谨、豪华而空虚的外貌与心理特点。

这幅宫女图虽然没有故事情节，只是一群生活在宫廷里面侍奉主人被人呼唤的宫女奴婢，但画家还是通过高度美化的艺术构图，使这些美女荟萃一起，流光溢彩而妖艳动人。

这些宫女莲步轻移，婀娜多姿，为整个墓室增添了美的氛围。

其端杯侍女头梳螺髻，面颊丰润，娥眉朱唇。袒胸、纱巾披绕双肩，长裙曳地，"S"形宛转着窈窕的身姿，双手托高足杯，显出柔美的体形曲线，风韵殊艳，神采奕奕。

整个前后墓室，上圆像天，绘有日、月、星、辰，东边绘有一轮冉冉升腾的红日，下边衬托着连绵不断的群山和波涛汹涌的海水，红日内挺立着一只三足鸟；西面一轮清辉冷艳的明月高挂太空，月内隐约可见"桂树檐宫""玉兔捣杵""嫦娥起舞""吴刚酿酒"，给人以无尽的遐思。

在淡青色的顶部，还绘有许多小白点，是宇宙内星辰的代表。下方法地，绘有唐代建筑，体现了古代人们的"天圆地方"之说。

妇女形象，是唐墓壁画中的主要表现对象，处理不好，就会千篇一律。这幅宫女壁画并没有什么故事情节，然而，平淡的生活情节，一经画家巧妙构思，竟妙趣横生。

这幅壁画，无论是构图设计，还是形象塑造、勾线敷彩，均能代表唐代人物画的高度水平。画中这群风华正茂的女子，以其特有的风采，闪现着永恒的艺术魅力。

在懿德太子李重润墓，青龙、白虎北边绘有两幅阙楼仪仗图壁画，其阙楼宏伟高大，为三出阙即一母阙、二子阙，天子用三出阙。

三出阙是阙这种建筑物中等级最高的一种，表现出古代的等级，也是阙这种建筑发展到唐代的实物资料。

紧接着是仪仗队，此画以浓艳的色彩和工整的线描，表现出太子大朝时的仪仗场面。画上的将士身着盔甲，穿战袍，旌旗猎猎，鼓角阵阵，做行进状，可以看出分步队、骑队、车队3个部分，气势雄浑，场面博大，洋溢着激昂的旋律。

阙楼仪仗图背面的城墙构筑精细，可看清女墙、马面等，并陪衬以远山为背景，山上种植松柏，笔法细腻，在唐墓壁画中实属罕见。

在第一过洞东西壁上，各绘有四只神骏英武的豹子及牵豹武士，他们身穿黄袍，脚蹬长靴，左手牵豹，其中两人的腰际带有铁抓，当为驯豹工具，豹子朝前警望跨步疾走，长尾斜垂，给人一种凶猛桀骜之感，但驯豹人则显得悠闲自信。表明豹子已经训练有素，驯豹人胸有成竹。在人与人之间还绘有树木、山、石等，这就是蜚声世界的《八豹图》。

　　在第一、二天井的东西壁上，绘有大型列戟图4架，每架12杆，戟头下有虎头小幡，幡下面有红、绿、黄各色彩带。戟架前立两排仪仗队，每队12人。

　　唐代的列戟制度，表示爵位高低，48杆戟的仪仗，在陕西境内还是首次发现，属帝王使用的仪卫。

　　狩猎活动在唐代贵族集团中非常盛行，他们在酒醉饭饱之余，常游猎逐兽山林，消遣射禽苑中。有时狩猎活动规模很大。

　　绘于章怀太子墓墓道东边表现狩猎出行的《狩猎出行图》，画面上以古树青山为背景，由40多匹人马和2只骆驼组成。前面有4匹奔马为先导，在一手持旌旗的骑者后面，数十骑人马前呼后拥，中间一骑高头白马的人物，神情严肃自若，可能是出行中的主人。这些强健的猎手佩弓带箭，架鹰携犬，气氛热烈，场面雄阔，生动地反映出墓主人出行的煊赫。

　　章怀太子墓的《打马球图》，气势壮阔，共有20多骑人马，骑马者均带幞头，腰间束带，黑靴。有的手执偃月形鞠杖。最前面一个，勒缰跃马，迅疾反转，举仗欲击飞球。其他几人驱马腾空，向前拼争。其后数十人各乘强壮的骏马，纵横驰骋，穿行在古树青山之间。画面以特有的语汇勾画出疾驰的马蹄，杖球的声响，激烈的气氛，逼真地再现了1000多年前马球运动的盛况。

绘于同一墓道的《观鸟扑蝉图》壁画，则反映了宫廷生活中的一个游园场景。一雍容华贵的妇人，一手挽巾，一手执金钗，抬头仰视飞鸟；一妙龄少女头梳双髻着男装，双袖飞扬，神情专注地欲扑打树上的鸣蝉；另一侍女双手托巾交叉胸前，表情沉静若有所思。

作者通过观鸟扑蝉的生动情节，描绘了3个不同性格特点的妇女形象。鸟的飞动，蝉的嘶鸣，举钗观鸟，甩袖扑蝉，静中取动，为画面增添了静动两相映衬的韵律感。

通过画匠的神来之笔，无论是3位宫女观鸟、扑蝉，还是伫立不动，仅凭不同的眼神与注视方向，就淋漓尽致地提示出她们正当青春年华，却幽居深宫的悲凉内心世界。

唐代长安是一个国际性大都市，当时外国使节、宾客纷至沓来，

中外文化、经济交往十分频繁。《礼宾图》形象地记录了这一史实。

画面共有6人，左边3人为唐鸿胪寺官员，他们头戴笼冠，身着红色袍服，手执笏板，气度不凡，举止威仪，正侃侃商谈，接待友好宾客。第五人头戴羽冠，身穿红领袖白袍，腰束宽带，黄靴。

据《旧唐书》有关日本、高丽的记载推断，似为日本或高丽使节。其他两人可能是东罗马使节和我国东北少数民族来宾。他们彬彬有礼，拱手静立，等待主人迎接。此画人物形象各具特点，勾勒精细，笔触酣畅，是一幅高水平历史人物图卷。

乾陵陪葬墓中的壁画，是我国民族传统绘画的基本形式之一。这些墓壁画的出现，闪耀着唐代工匠们的智慧才华，不仅是人们了解当时社会政治、经济、军事、文化、外交的窗口，而且能使今人直接观赏唐代绘画之妙，感受唐代绘画之美。

拓展阅读

以西安帝王陵和陪葬墓为中心的壁画墓，虽然绘制未必出自名家之手，但从壁画的技艺来看，很多皇族外戚、高官显贵的墓葬壁画也并非泛泛之笔，年代完整而系统的古墓壁画，展示了这一时期匠师们在绘画上的总体水平。

当年陵墓壁画的匠师们追慕时尚，因而能够印证像阎立本、吴道子、张萱、周昉、边鸾这样一些画坛名家的风格与技艺，填补了传世作品序列中的若干缺环，对于完整地重构古代绘画史具有重要意义。